DAS WISSENSCHAFTSMUSEUM

Philip Ardagh
Das Buch der 100 Genies
Wie eine Keksdose bei der Erfindung des Fernsehens half
und andere extrem wichtige Entdeckungen

W0038711

Über zwei Meter lang, ein buschiger Bart – **Philip Ardagh** ist nicht nur sehr groß und sehr haarig, sondern er hat auch mehr als 50 Bücher für Kinder jeden Alters geschrieben. Ardagh, der mit seiner Frau und zwei Katzen in einem kleinen Küstenort in England lebt, arbeitete u. a. als Werbetexter, als Reinigungskraft in einer Klinik, als (höchst untauglicher) Bibliothekar und als Vorleser für Blinde. Derzeit ist er Vollzeit-Schriftsteller. Seine Bücher, die er unter verschiedenen Namen veröffentlicht, wurden bislang in neun Sprachen übersetzt.

DAS WISSENSCHAFTSMUSEUM

Philip Ardagh

Das Buch der 100 Genies

Wie eine Keksdose bei der Erfindung
des Fernsehens half und andere
extrem wichtige Entdeckungen

*Mit Illustrationen
von Sally Kindberg*

*Aus dem Englischen
von Ulrich Thiele*

Arena

Für meine Eltern.
Wurde auch Zeit!

FSC
www.fsc.org
MIX
Papier aus ver-
antwortungsvollen
Quellen
FSC® C110508

Die Originalausgaben dieses Doppelbandes erschienen
2000, 2006 unter dem Titel
»WOW – discoveries that changed the world« und
»WOW – inventions that changed the world«
bei Macmillan Children's Books, London.
Text © Philip Ardagh 2000, 2006
Illustration: © Sally Kindberg 2000

1. Auflage 2013
© für die deutsche Ausgabe
Arena Verlag GmbH Würzburg, 2013
Alle Rechte vorbehalten
Illustrationen: Sally Kindberg
Übersetzungslektorat: Annett Stütze
Übersetzung aus dem Englischen: Ulrich Thiele
Gesamtherstellung: Westermann Druck Zwickau GmbH
ISBN 978-3-401-06848-0

www.arena-verlag.de
Mitreden unter forum.arena-verlag.de

Inhalt

Unglaubliche Entdeckungen und Erfindungen   **7**

Entdeckungen   **9**
Geheimnisse des Universums   10
Relativität   20
Die Macht des Atoms   29
Elektrizität   41
Keime   53
Anästhetika und Antibiotika   64
Genetik   72

Erfindungen   **85**
Das Telefon   86
Tonaufzeichnungen   97
Fotografie   107
Film und Fernsehen   120
Die Eisenbahn   136
Autos! Autos! Autos!   149
Flugzeuge   161
Buchdruck   174
Der Computer   184

Glossar   *197*
Liste der Genies in diesem Buch   *202*

Unglaubliche Entdeckungen und Erfindungen!

Stell dir eine Welt vor, in der noch keine Narkosemittel entdeckt wurden – müsste man dich am Bein operieren, wärst du hellwach und würdest genau mitbekommen, wie der Arzt an deinen Knochen herumsägt … Oder eine Welt, in der Bakterien völlig unbekannt sind, sodass man sie überall wachsen und gedeihen ließe. Wahrscheinlich würde man ewig vom selben schmutzigen Teller essen und in dreckiger Bettwäsche schlafen! Stell dir eine Welt ohne Elektrizität vor: Es gäbe keinen Fernseher, kein Telefon und kein Internet. Von Computern ganz zu schweigen. Oder eine Welt, in der keiner herausbekommen hat, dass man an den Atomen selbst rumbasteln und dadurch furchtbare nukleare Explosionen erzeugen kann …

Entdeckungen und Erfindungen haben die Welt immer wieder verändert. In diesem Buch kannst du erkunden, wie es dazu kam und was danach geschah. Und du erfährst, dass hinter jeder Entdeckung mindestens ein genialer Kopf steckt. Oft sogar mehrere. Und meistens hat das Erfindergenie neben viel Grips auch noch jede Menge Geduld und Glück gehabt, um etwas wirklich Neues zu entdecken.

Und wer weiß, was die Zukunft bringt? Die Erfindungen der Vergangenheit haben bewiesen, dass das scheinbar Unmögliche schon morgen Teil unserer Wirklichkeit sein kann. Deshalb heißt es: abwarten und Tee trinken. Oder noch besser – selber entdecken und erfinden. Denn: Irgendjemand muss ja das nächste Genie sein – warum nicht du?

Entdeckungen

Geheimnisse des Universums

Februar 1633, römisches Inquisitionsgericht:
Galileo Galilei behauptet – und das auch noch in einem Buch! –, dass Himmel und Erde denselben Naturgesetzen unterliegen und Teil eines Sonnensystems sind. Das wiederum sei Teil eines noch größeren Universums. Und was noch viel schlimmer ist: Die Erde sei nicht der Mittelpunkt des Universums. Galileo bestreitet nämlich die bisherige Ansicht, dass die Erde bewegungslos im Weltall hängt und die Sonne um sie herumkreist ... Er meint, die Erde kreise um die Sonne! Damit hat er zwar absolut recht, aber die Kirche ist anderer Meinung. Sie will Galilei wegen Ketzerei zum Tode verurteilen! Deshalb liest er eine Erklärung vor, in der er zugibt, dass er sich irrt. Doch angeblich murmelt er am Schluss:»Und sie bewegt sich doch« – also die Erde um die Sonne! Ganz gleich, was der Papst und die heilige katholische Kirche denken.

Himmel und Erde

Unsere Ur-Ur-Ur-Ur-Urgroßeltern in den ganzen alten Zeiten hatten alle Hände voll zu tun. Damals war es so schwer, Nahrung zu finden und irgendwie zu überleben, dass sie vermutlich nicht groß Zeit hatten, über die Form der Erde zu grübeln. Aber als sie dann doch darüber nachdachten, glaubten sie wahrscheinlich erst einmal, die Erde wäre total flach. Warum auch nicht? Wäre sie rund, würde man doch auf der anderen Seite herunterfallen, oder? Dass die Erde ein Planet ist, der zusammen mit den ganzen anderen Planeten und Sternen irgendwo im Weltraum schwebt, konnte sich wohl noch niemand vorstellen. Auf so etwas kommt man eben nicht so leicht. Das hier unten, das war die Erde, und das da oben, das war der Himmel. Und Schluss.

Doch nicht so flach?

Aber irgendwann muss mal jemandem aufgefallen sein, dass das mit der flachen Erde nicht so ganz richtig sein konnte. Am deutlichsten merkt man das am Horizont – also an jener Linie, wo das Land (oder das Wasser) auf den Himmel zu treffen scheint. Am Meer sieht man den Horizont am besten, denn dort stören keine Hügel, Bäume und Häuser. Wenn du dich ans Ufer stellst und zuguckst, wie ein Schiff aus dem Hafen aufs offene Meer hinausfährt, während ein Freund auf einem Turm steht und demselben Schiff hinterherschaut, kannst du zwei wichtige Beobachtungen machen: Erstens, der Horizont zwischen Meer und Himmel ist keine gerade Linie, sondern ein bisschen gebogen. Und zweitens, dein Freund wird das Schiff länger sehen (selbst wenn eure Augen gleich gut sind). Warum ist das so? Vielleicht denkst du, du siehst das Schiff nicht mehr, weil es zu einem winzig kleinen Punkt geschrumpft ist, aber das stimmt nicht. Das Schiff ist einfach *über* den Horizont gefahren! Oder besser gesagt: Es ist hinter der Rundung der Erde verschwunden. Und deshalb kann dein Freund auf dem Turm das Schiff auch länger erkennen – weil er weiter oben ist, kann er ein Stück weiter über die Rundung gucken. Er sieht also einen anderen Horizont als du. Und warum ist der Horizont keine gerade Linie, sondern etwas gerundet? Weil die Erde nicht flach ist, sondern rund.

Noch weiter zurück

Glaubte man also bis zur Zeit von Christoph Kolumbus, die Erde wäre flach, sodass man runterfallen würde, wenn man zu weit segelte? Nein, die Menschheit wusste schon viel früher Bescheid, das sieht man an Atlas. Nicht an irgendeinem dicken Wälzer voller Landkarten, sondern an *dem* Atlas, dem griechischen Gott der Antike, der die Welt auf den Schultern trägt. Damals, also bei den alten Griechen, wurde noch kein großer Unterschied zwischen »Welt« und »Erde« gemacht und die Erde wurde als Kugel dargestellt – also genau so, wie sie tatsächlich ist, und das vor *Tausenden* von Jahren!

Okay, viele Himmelsforscher im alten Griechenland dachten noch, die Erde würde reglos im Raum hängen wie ein Ball an einem unsichtbaren Faden, während Sterne und Planeten drum herumkreisen. Aber was die Form anging, lagen sie schon richtig.

Immer am Ball bleiben

Der Grieche Aristarchos von Samos dachte sich dann in der Antike eine echt geniale Theorie aus: Die Erde dreht sich nicht nur alle 24 Stunden um die eigene Achse, also um die unsichtbare Linie zwischen Nord- und Südpol, sondern auch noch zusammen mit den ganzen anderen Planeten um die Sonne! Warum ist das so genial? Weil Aristarchos schon vor über 2 200 Jahren auf diese Theorie gekommen ist. Und weil ihm kaum jemand (vielleicht überhaupt niemand) geglaubt hat. Und weil er vollkommen recht hatte!

Der göttliche Entwurf

Doch etwa 400 Jahre später (was immer noch über 1 800 Jahre her ist) hatte Ptolemäus, ein anderer antiker Grieche, seinen großen Auftritt. Er zeichnete einen Haufen

Sternkarten und Schaubilder, auf denen eine bewegungslose Erde im Mittelpunkt der Welt zu sehen war (also da, wo eigentlich die Sonne hingehört). Weil der gute Ptolemäus sich das Ganze ausgedacht hatte, nannte man es ptolemäisches Weltbild – und es wurde von den Leuten geglaubt und von der christlichen Kirche übernommen. In den Augen der Kirche hatte Gott das Universum geschaffen und wir Menschen

waren seine »Kinder« – und was sollte Gott anderes tun, als seine Kinder *natürlich* zum Mittelpunkt der Welt zu machen!

Eine gefährliche Wahrheit

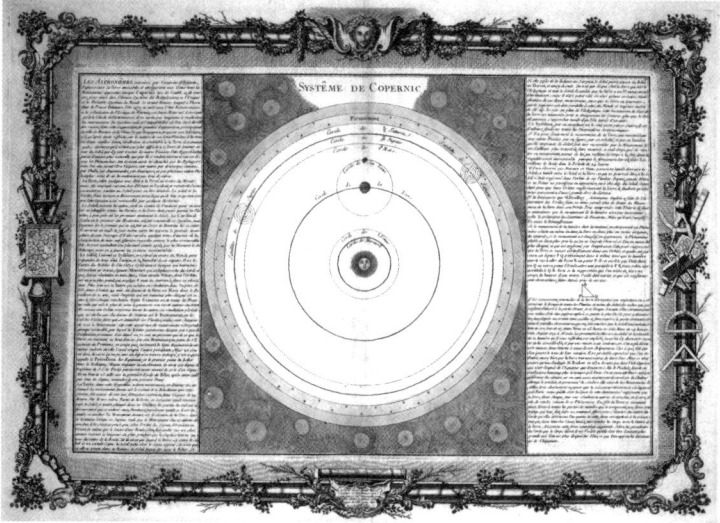

Kopernikus' Modell des Sonnensystems

Der polnische Astronom Nikolaus Kopernikus war jedoch ganz anderer Meinung. Im Jahr 1543 veröffentlichte er ein Buch mit seinen gesammelten Entdeckungen und Theorien. Von der viel älteren Theorie des Aristarchos von Samos hatte er nichts gewusst, aber durch Sternbeobachtungen und mathematische Berechnungen war er zu denselben Ergebnissen gekommen: nämlich dass sich die Erde einmal am Tag um die eigene Achse dreht und gleichzeitig genau wie alle anderen Planeten die Sonne

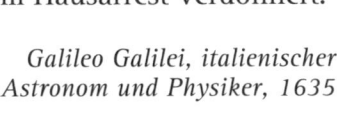

_Nikolaus Kopernikus,
polnischer Astronom_

umrundet. Diese Vorstellung nennt man heliozentrisches Weltbild, weil der griechische Sonnengott Helios hieß und »zentrisch« so viel wie »im Mittelpunkt« bedeutet – die Sonne steht also in der Mitte. Später guckte Galileo Galilei (1564–1642) durch sein schickes neues Teleskop, machte dieselben Beobachtungen wie Kopernikus, schrieb seine Erkenntnisse nieder und landete dadurch in dem Schlamassel, von dem wir am Anfang des Kapitels gehört haben. Aber mit der Zeit mussten die Leute einsehen, dass Kopernikus und Galileo recht hatten. Und wie erging es in der Zwischenzeit dem guten Galileo? Er entkam der Hinrichtung, wurde aber wegen seiner »Verbrechen« zu lebenslangem Hausarrest verdonnert.

_Galileo Galilei, italienischer
Astronom und Physiker, 1635_

Nicht herunterfallen

Wir sitzen also auf einer kugelrunden Erde, die sich um die eigene Achse zwischen Nord- und Südpol und außerdem auch noch um die Sonne dreht und… äh… fallen dabei nicht herunter? Okay, _du_ weißt natürlich, dass wir wegen einer unsichtbaren Kraft namens Schwerkraft nicht herunterfallen, und _ich_ weiß

das auch. Aber wir wissen es nur, weil ein gewisser Engländer namens Sir Isaac Newton die Schwerkraft durch eine kluge Eingebung entdeckt hat!

Den Ball ins Rollen gebracht

Schon Galileo, der ja jahrelang Hausarrest hatte und zu Hause hockte, experimentierte mit Dingen, die er fallen ließ und dabei beobachtete, aber er dachte nicht groß darüber nach, *warum* die Dinge überhaupt fallen. Er wollte vor allem zeigen, dass schwere Dinge genauso schnell fallen wie leichte Dinge. Viele glaubten nämlich, dass ein schweres Ding früher auf dem Boden aufschlägt als ein leichtes, wenn man beide gleichzeitig fallen lässt, und Galileo wollte das Gegenteil beweisen. Aber warum hatte dieser Irrglaube überhaupt so viele Anhänger? Weil es auf den ersten Blick genau so zu sein scheint: Lässt man einen Ziegelstein und eine Feder fallen, kommt der Ziegelstein früher unten an. Doch Galileo war der Meinung, dass das Gewicht des Steins gar keine Rolle spielt, und damit hatte er einmal wieder recht: Die Feder fällt aus ganz anderen Gründen langsamer als der Stein, unter anderem wegen des Luftwiderstands. Um das zu beweisen, ließ Galileo verschieden schwere und verschieden große Kugeln eine Rampe hinunterrollen und stoppte, wie lange sie dafür brauchten. Und siehe da – beim Kugelwettrennen gab es keinen Sieger! Un-

ter idealen Bedingungen (also ohne Wind) würden zwei
verschieden schwere Kugeln, die man gleichzeitig fallen lässt, gleichzeitig auf dem Boden aufschlagen. Und
wenn man sie eine Rampe hinunterrollt, kann man das
mit eigenen Augen beobachten!

Über 300 Jahre später konnte ein amerikanischer
Astronaut Galileos Theorie tatsächlich ausprobieren –
und zwar auf dem Mond, wo es keine Atmosphäre und
damit auch keinen Luftwiderstand gibt. Der Astronaut
ließ zwei verschieden schwere und verschieden große Kugeln fallen. Weil die Schwerkraft auf dem Mond
viel schwächer ist als auf der Erde, fielen sie gaaaaaa-
anz langsam... und kamen exakt gleichzeitig auf der
Mondoberfläche auf. Und damit wären wir wieder
beim Thema Schwerkraft.

Schwerkraft

Angeblich dachte Isaac Newton zum ersten Mal über
die Schwerkraft nach, als er unter einem Apfelbaum
saß und ihm ein fauliger Apfel eine Kopfnuss verpasste.
Vielleicht ist das bloß eine nette
Geschichte, aber eins ist sicher:
der Schwerkraft auf den Grund
zu gehen, war eine geniale Idee.
Newton fand nämlich heraus, dass
es zwischen zwei Dingen immer
eine Anziehungskraft gibt (egal
zwischen welchen Dingen, also
zum Beispiel zwischen dir und der

Sir Isaac Newton, 1689

Erde), und dass diese Kraft proportional zum Produkt der Massen der Dinge ist und nicht zu ihrer gesamten Masse (dabei ist die Kraft, die die riesengroße Erde auf dich auswirkt, viel größer als andersherum). Zurück zu unserem Wettrennen zwischen Ziegelstein und Feder: Warum fallen beide genau gleich schnell, solange es keinen Luftwiderstand gibt? Weil »Erde x Ziegelstein« praktisch genauso viel ergibt wie »Erde x Feder« und die Anziehungskraft daher fast exakt gleich ist.

Gesetze des Universums

Aber der clevere Newton machte noch mehr Entdeckungen und Beobachtungen. Beispielsweise bewies er, dass weißes Licht – also ganz normales Sonnenlicht – aus sämtlichen Farben des Regenbogens besteht (und damit aus einem Spektrum von verschiedenfarbigem Licht). Oder dass die Anziehungskraft des

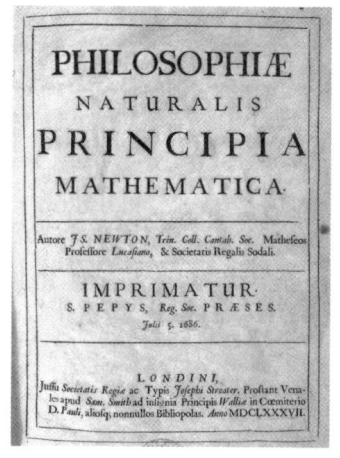

Principia Mathematica, 1687

Mondes tatsächlich für Ebbe und Flut verantwortlich ist (was schon Galileo vermutet hatte). Außerdem ist er noch heute für seine drei Bewegungsgesetze berühmt, mit denen man ausrechnen kann, wie sich Dinge in Bewegung verhalten (sogar wenn sie dabei aufeinanderkrachen). Diese ganzen Entdeckungen und Theorien fasste er in seinen *Principia* (1687) zusammen, die bis heute zu den großartigsten wissenschaftlichen Büchern überhaupt zählen. Darin erklärte er nicht nur, warum sich die Erde nicht auf einer kreisrunden, sondern auf einer ovalen (elliptischen) Umlaufbahn um die Sonne bewegt, sondern auch warum Pendel pendeln!

Na und?

Erst durch den unermüdlichen Bienenfleiß und die genialen Ideen von Typen wie Galileo und Newton brach das Zeitalter der Wissenschaft so richtig an. Die Menschen begannen, die Welt um sich herum zu begreifen. Unverbesserliche Neugiernasen wollten ergründen, warum die Dinge so waren, wie sie waren. Und sobald sie die Grundprinzipien und wichtigsten Naturgesetze des Universums verstanden hatten, konnten sie mit ihrem neuen Wissen wieder neue Dinge und Ideen entwickeln. Newtons Weltbild, das auch als »Uhrwerk-Universum« bezeichnet wird, hilft uns bis heute, die Schwerkraft, die Bewegung und vieles mehr zu erfassen, was um uns herum vorgeht. Doch im 20. Jahrhundert hat Albert Einstein, ein Physiker aus Ulm, manche dieser newtonschen Prinzipien noch einmal ordentlich auf den Kopf gestellt!

Relativität

14. März 1879, Ulm, Deutschland

Pauline hat gerade ihr erstes Kind bekommen. Der Kleine ist gesund, die junge Mutter und ihr Mann Hermann sind überglücklich. Hermann ist Elektrotechniker – in einer Zeit, in der Elektrik noch ganz neu und daher sehr aufregend ist. Nächstes Jahr will er mit Frau und Kind nach München ziehen, um dort gemeinsam mit seinem Bruder Jacob Elektrogeräte herzustellen. Vielleicht wird auch aus dem Baby einmal ein guter Elektrotechniker? Ja, vielleicht wird er sogar eines Tages die Firma seines Vaters übernehmen? Pauline und Hermann nennen ihn Albert. Jetzt sind sie eine kleine Familie: Herr und Frau Einstein und ihr Sohn Albert. Wer weiß, was die Zukunft für den jungen Albert Einstein so alles bereithält . . .

Albert Einstein

Alles ist relativ

Stell dir vor, du stehst am Straßenrand und hast ein Gerät in der Hand, das die Geschwindigkeit der vorbeifahrenden Autos anzeigt. Fährt ein Auto mit 100 km/h (Kilometer pro Stunde) an dir vorbei, zeigt das Gerät natürlich 100 km/h an. Und jetzt stell dir vor, du sitzt selbst in einem Auto, das mit 60 km/h fährt, hältst das Gerät aus dem Fenster und richtest es auf ein Auto, das dich mit 100 km/h überholt. Was zeigt das Ding jetzt an? 40 km/h, denn im Verhältnis zu deinem Auto (das mit 60 km/h unterwegs ist), also *relativ* gesehen, fährt das andere Auto nur 40 km/h schneller.

Geradliniges Licht

Licht bewegt sich (im Gegensatz zu Autos) immer mit derselben, also mit *konstanter* Geschwindigkeit. Deshalb ist es egal, ob du stocksteif dastehst oder in einem raketenbetriebenen Gefährt mit 1 000 km/h durch die Gegend schießt – wenn du den Geschwindigkeitsmesser auf einen Lichtstrahl richtest, zeigt er immer 300 000 Kilometer pro Sekunde an. Nicht pro Stunde, nein, pro *Sekunde*. (Diese Zahl ist aber nur eine Annäherung. Es geht auch viel genauer: 299 792 458 Meter pro Sekunde in einem Vakuum). Außerdem wissen wir, dass sich Licht stets in einer geraden Linie bewegt (und zwar mit rasend schneller Lichtgeschwindigkeit). Könnte es sich verbiegen und wie Wasser fließen, gäbe es keine Schatten, denn ein Schatten ist nichts anderes als eine Stelle, wo kein Licht hinkommt. Könnte Licht um die Ecke leuchten, wäre es also überall hell!

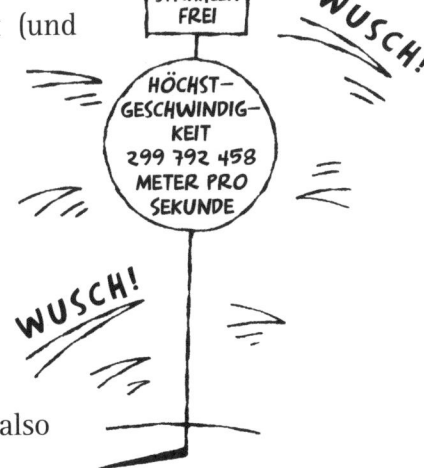

Lichtblicke!

An wen denkt man als Erstes, wenn man sich ein Genie vorstellen soll? Na? Wuschelige Haare, Zunge hinausgestreckt und blitzende Augen? Richtig. Darf ich vorstellen: Supergenie Albert Einstein. Einstein machte eine interessante Beobachtung: Die Beschleunigung eines Gegenstands scheint Licht zu krümmen. Aber natürlich wusste er, dass Licht nicht gekrümmt werden kann, und deshalb ahnte er, dass da noch etwas anderes dahintersteckt. Seine Erklärung war sowohl verblüffend einfach als auch einfach verblüffend: Nicht das Licht krümmt sich, sondern die Zeit und der Raum, durch die es sich bewegt! Was? Zeit und Raum? Also jetzt mal langsam. Aber so ist er darauf gekommen...

Raum und Zeit

Geschwindigkeit bedeutet so viel wie die Zeit, die ein Ding braucht, um eine bestimmte Strecke zurückzulegen. (Oder wissenschaftlicher ausgedrückt: Geschwindigkeit ist Strecke geteilt durch Zeit.) Wir wissen, dass sich Licht nur mit konstanter Geschwindigkeit und nur gradlinig durch den Raum bewegen kann. Trotzdem sieht es manchmal aus, als würde es sich krümmen. Kann es aber nicht und deshalb müssen sich stattdessen Raum und Zeit verzerren, sodass man denkt, das Licht hätte sich verzerrt.

Warum ist das alles so schwer?

Und jetzt stell dir vor, du bist ein Astronaut in einem Raumschiff und schwebst hoch oben im Weltall. Du hast kein Gewicht, weil du so weit weg bist von der Erde, dass ihre Schwerkraft nicht mehr wirkt. Denn nur dank der Schwerkraft hängen wir hier unten auf der Erde herum und fallen auch immer wieder auf sie herunter. Wenn nun aber das Raumschiff plötzlich beschleunigt, klebst du auf einmal am Boden deiner Rakete. Und wenn es richtig zur Sache geht, wird die Beschleunigungskraft so groß, dass du nicht einmal mehr aufstehen kannst. Viel angenehmer wäre da schon eine gleichmäßige Beschleunigung von 9,8 Metern pro Sekunde, denn dann wäre es im Raumschiff genau wie hier unten auf der Erde – die Kraft, die die Beschleunigung auf dich ausübt, wäre genauso groß wie die irdische Schwerkraft. Schwerkraft und Beschleunigung wirken unter diesen Umständen also gleich oder *äquivalent* und deshalb nennt man dieses Prinzip *Äquivalenzprinzip*. Coole Sache. Und aus dieser Idee nun folgerte Einstein: Wenn Beschleunigung – zum Beispiel die eines sausenden Raumschiffs – Raum und Zeit krümmen kann und wenn sich Schwerkraft genauso verhält wie Beschleunigung, dann *ist* Schwerkraft nichts anderes als Raum und Zeit (kurz gesagt: Raumzeit). (Und stell dir vor: Das hat er alles ausgerechnet, bevor überhaupt das erste Spaceshuttle abgehoben hatte!)

Wenn ein Gegenstand durch die Schwerkraft beschleunigt wird, sehen wir also im Grunde die Auswirkung der gekrümmten Raumzeit und die Raumzeit krümmt sich durch die Anziehungskraft, die von einer Masse ausgeht (zum Beispiel von unserer Erde). Ein Riesending wie die Sonne, meinte Einstein, zieht etwas Schwereloses wie Licht natürlich an und krümmt dadurch Raum und Zeit in ihrer Umgebung wie Gummi.

Das gekrümmte Universum

Bevor Einstein alle bisherigen Theorien noch einmal umgekrempelt hat, glaubten die meisten Physiker an das Weltbild, das ein anderer brillanter Wissenschaftler entwickelt hatte: Sir Isaac Newton, den wir schon aus dem Kapitel »Geheimnisse des Universums« kennen. Newton dachte, das Universum wäre ziemlich aufgeräumt, doch Einstein ahnte, dass es im Universum drunter und drüber geht. Stell dir ein Trampolin vor, auf das man ein Gitternetz aus schönen geraden Linien gezeichnet hat. Diese Linien stehen für das Licht, das sich geradlinig und mit konstanter Geschwindigkeit durch Raum und Zeit bewegt. Und jetzt stell dir vor, du lässt einen großen, schweren Ball in die Mitte des flachen Trampolins fallen. Und noch einen Ball, und noch einen. Sie alle drücken die Oberfläche des Trampolins ein, es wird *gekrümmt.* Dadurch verzerren sich die Linien, die eben noch so schön ordentlich aussahen. Auf einmal sind sie krumm und schief, und je näher sie an einem schweren Ball sind, desto stärker verbiegen sie sich. So hat Einstein das Universum gesehen. Dabei stehen die Bälle für die Sterne und Planeten, deren Schwerkraft – die als Beschleunigungskraft wirkt – Zeit und Raum krümmen.

Und was hat das jetzt zu bedeuten?

Die Erde, die Sonne, der Mond, die Sterne – alle haben ihre eigene, unterschiedlich starke Schwerkraft und damit krümmen sie alle Raum und Zeit auf ihre Weise. Und was bedeutet das jetzt? Es bedeutet, dass die Zeit oben im Weltraum langsamer oder schneller vergehen kann als hier unten auf der Erde. Denn wenn die Zeit durch Schwerkraft und Beschleunigung gekrümmt wird, ist »gekrümmte Zeit« natürlich langsamer als »gerade Zeit«, weil eine gerade Linie immer die kürzeste Verbindung zwischen zwei Punkten darstellt. Einem Astronauten könnte es bei der Rückkehr aus den Tiefen des Alls daher theoretisch passieren, dass die Leute auf der Erde gealtert sind, während er selbst jung geblieben ist – oder andersherum!

Kratzt du dich jetzt am Kopf? Aber wenn du das verstanden hast, hast du schon mal die wichtigsten Grundlagen von Einsteins Relativitätstheorie drauf.

Die Welt in Vier-D?

Dass wir in einer dreidimensionalen Welt
leben, ist wohl jedem klar. Eine enorm
dünne Linie hat nur eine Dimension: die
Länge. Ein Quadrat hat schon zwei Dimensionen: Höhe und Breite. Und ein
richtiger Kasten (also nicht nur die
Zeichnung eines Kastens, sondern
so ein echtes Ding) hat drei Dimensionen: Höhe, Breite und Tiefe (der Abstand zwischen vorne und hinten). Wenn eine
Zeichnung sehr flach wirkt, meckern Kenner: »Das
sieht ja total zweidimensional aus.« Wirkt sie dagegen
lebensecht, gibt es Lob: »Super, das sieht sooo dreidi-
mensional aus!« Aber Superhirn Einstein dachte sogar
in *vier* Dimensionen. Auf diese schlaue Idee war Hermann Minkowski, ein in Russland geborener Deutscher,
schon 1908 und damit als Erster gekommen. Und was
ist nun die vierte Dimension? Einstein fand sie in der
Raumzeit: drei Dimensionen im Raum (wie bei unserem Kasten), die vierte in der Zeit. Diese Raumzeit wird
von der Schwerkraft gekrümmt, aber leider kann man
sie nur mit einem Haufen mathematischer Gleichungen
»herzeigen«.

Der Superwissenschaftler

Einstein wurde zum Superstar – aber anfangs weniger
in der Welt der Wissenschaft als unter ganz normalen
Leuten. Er tourte um die ganze Welt und wurde über-

all von Tausenden Fans bejubelt. Nur Charlie Chaplin war damals wohl genau so beliebt wie er. Chaplin soll mal gesagt haben, dass er so berühmt ist, weil ihn jeder versteht (zum Beispiel in seiner Rolle als kleiner Straßenjunge mit goldenem Herzen), während Einstein so berühmt ist, weil ihn niemand versteht (Das heißt, ihn persönlich vielleicht schon, aber nicht seine Theorien!). Doch viele Wissenschaftler kapierten nicht so ganz, wie genial Einstein war – sie hielten ihn schlicht für einen abgedrehten Spinner. Zu Beginn seiner Karriere bezweifelten sie sogar, dass er ein »richtiger« Wissenschaftler war! (Vielleicht weil er noch beim Schweizer Patentamt arbeitete, als er seine erste Theorie veröffentlichte.) Bis heute überprüfen sie seine Überlegungen, aber bisher konnte ihm noch niemand nachweisen, dass er sich irrte.

Das Erbe

Einsteins Relativitätstheorie hat die gesamte Vorstellung von der Welt kräftig durcheinandergebracht. Seine vielen Entdeckungen und Einsichten hat er in zwei Portionen veröffentlicht, in der *Speziellen Relativitätstheorie* aus dem Jahr 1905 und in der *Allgemeinen Relativitätstheorie* aus dem Jahr 1916. (In der *Spezi-*

ellen findet sich auch die berühmt-berüchtigte Glei-
chung E = mc². Dabei steht E für Energie, m für Masse
und c² – c hoch zwei oder »zum Quadrat« – für die
Lichtgeschwindigkeit, die mit sich selbst malgenom-
men wird.) Einstein hat nicht nur bewiesen, dass einige von Newtons Gesetzen nicht die ganze Wahrheit
sind (und die newtonschen Gesetze waren immerhin
das Fundament, auf dem ein Großteil der modernen
Wissenschaft errichtet wurde). Seine Erkenntnisse le-
gen darüber hinaus nahe, dass so etwas wie Zeitreise
zumindest theoretisch möglich sein müsste! Außerdem
hat er viele Wissenschaftler dazu gebracht, ernsthaft
in vier Dimensionen, also in der Raumzeit, zu denken.
An manchen Schlussfolgerungen aus seinen unglaublichen Entdeckungen hat die Wissenschaft bis heute
zu knabbern!

Die Macht des Atoms

6. August 1945, Hiroshima, Japan

Um das Ende des Zweiten Weltkriegs zu beschleunigen, der insgesamt 25 Millionen Menschen das Leben kosten wird, wird auf Befehl des Hauptquartiers der alliierten Streitkräfte die erste Atombombe der Welt eingesetzt. Die Besatzung des Bombers *Enola Gay* der US-Luftwaffe wirft die Bombe, die über eine Sprengkraft von etwa 15 Kilotonnen TNT verfügt, über der japanischen Stadt Hiroshima ab und der amerikanische Präsident Harry S. Truman verkündet: »Wir haben das Wissenschaftsrennen gegen die Deutschen gewonnen. Wir haben unseren Sieg genutzt, um die Qual des Krieges zu verkürzen.« Später wird von 129 558 toten, verletzten und vermissten Männern, Frauen und Kindern berichtet. Ihre Heimatstadt wird dem Erdboden gleichgemacht, fast 176 000 Überlebende werden obdachlos. In der folgenden Zeit sterben weitere Zehntausende an Strahlenverbrennung und Strahlenkrankheit. Die Menschheit hat die unglaubliche Zerstörungskraft des Atoms zum ersten Mal am eigenen Leib erfahren – und ist nachhaltig erschüttert.

Eine Nachbildung von »Little Boy«, der Atombombe, die auf Hiroshima abgeworfen wurde

Klein. Kleiner. Am allerkleinsten.

Vor langer, langer Zeit, damals bei den alten Griechen,
tauchten die ersten Profi-Denker auf – die Philosophen.
Einige davon beschäftigten sich unter anderem mit dem
Zerteilen von Dingen. Aber sie hackten nicht etwa Holz
oder brachen Steine, sondern sie dachten nur darüber
nach. Schließlich war Denken ihr Job. Manche waren
der Meinung, dass man ein Ding zumindest theoretisch
bis in alle Ewigkeit in immer kleinere Teile zerteilen
kann. Anders ausgedrückt: Hätten wir Menschen
wahnsinnig gute Augen und winzig kleine,
enorm scharfe Werkzeuge, könnten wir jedes
Ding immer noch weiter zerkleinern. Und
weiter und weiter und weiter. Andere Philosophen schüttelten darüber den Kopf.
Irgendwann, sagten sie, kommt
man immer an einen Punkt, an
dem ein Ding nicht noch weiter
zerkleinert werden kann.

Winzteilchen

Die winzigen Teilchen, die am Schluss übrig bleiben –
die, die man nicht mehr zerteilen kann – wären dann
die Teilchen, aus denen das Ding ursprünglich zusammengesetzt war. Eine solche Theorie ist schon aus dem
Jahr 400 vor Christus (was etwa 2 400 Jahre her ist)
von den Philosophen Demokrit und Leukipp überliefert. Die beiden vermuteten, dass die winzigen Teilchen unterschiedlich geformt sind. (Die Teilchen von

scharfem Essen könnten zum Beispiel kleine Stacheln haben, die beim Kauen in die Zunge piksen!) Ein anderer alter Grieche namens Epikur verfolgte diese Idee weiter, doch erst 2 200 Jahre später gab der Engländer John Dalton den winzigen Teilchen einen Namen und errichtete drum herum ein ganzes Gedankengebäude. Und welchen Namen gab er den Winzteilchen? Atome.

Der unglaubliche Mr Dalton

John Dalton war ein außergewöhnlicher Mensch. Er war farbenblind und Sohn eines Webers, der dem Glauben der Quäker anhing. Kaum dass er zwölf Jahre alt war, wurde er Lehrer – und das blieb er auf die eine oder andere Weise für den Rest seines Lebens.

John Dalton, als er schon etwas älter war

Von 1787 an guckte er jeden Tag aus dem Fenster und schrieb auf, wie das Wetter war – bis zu seinem Tod im Jahr 1844, also 57 Jahre und ungefähr 200 000 Wetterbeobachtungen später! 1807 veröffentlichte er seine Atomtheorie. Deren wichtigste Aussagen waren:

- Jeder Stoff besteht aus winzigen Teilchen, die Dalton »Atome« nannte. »Atom« kommt vom griechischen Wort »atomos«, was so viel wie »das Unteilbare« bedeutet.
- Atome können weder erzeugt, zerteilt noch vernichtet werden.

- Atome desselben Elements sind exakt gleich.
- Bei chemischen Reaktionen ordnen sich Atome neu an.
- Atome können Verbindungen eingehen und so gemeinsam größere Teilchen bilden.

Später überarbeitete Dalton seine ursprüngliche Theorie noch einmal: Jetzt meinte er, man könnte Atome zumindest theoretisch in noch kleinere Teilchen zerteilen. Damit bestünden Atome selbst aus anderen Teilchen – und damit hatte er recht! Heute nennt man diese noch kleineren Teilchen subatomare Teilchen. Nur mit der Behauptung, alle Atome eines Elements wären exakt gleich, lag Dalton leider daneben. Dennoch war seine Atomtheorie umwerfend genial. Seitdem dachte die Wissenschaftswelt nämlich ganz anders darüber nach, woraus eigentlich *alles* besteht.

Modelle über Modelle
In den nächsten gut 100 Jahren entwarfen alle möglichen Wissenschaftler Modelle, wie so ein Atom aussehen könnte. Der Brite J.J. Thomson schlug das sogenannte Rosinenkuchenmodell vor, das man sich wie einen Rosinenkuchen vorstellen kann – nur dass keine leckeren Rosinen drinstecken, sondern negativ geladene subatomare Teilchen. Thomson ging noch einen Schritt weiter und entdeckte in Experimenten mit Kathodenstrahlröhren (wie man sie später in weiterentwickelter

J. J. Thomson

*Sir Ernest Rutherfords Laboratorium, Anfang des
20. Jahrhunderts*

Form in Fernsehern findet) tatsächlich negativ und positiv geladene Teilchen. Im Modell des Neuseeländers Ernest Rutherford kreisten die negativ geladenen Teilchen, die er Elektronen nannte, um einen positiv geladenen Atomkern (Nucleus). Und 1932 fand James Chadwick heraus, dass der Atomkern neben den positiv geladenen Protonen auch neutrale (also weder positiv noch negativ geladene) Neutronen enthält.

Größenvorstellungen

Und jetzt stell dir mal vor, wie winzig klein die Dinger sind. Atome sind klein geteilt durch klein... und noch kleiner. Wenn du wie ich in der Nähe des Meers lebst, geh doch einfach mal zum Strand und nimm ein Sandkorn in die Hand. Ganz schön klein, was? Ja, aber das Sandkorn besteht trotzdem aus Tausenden von noch viel kleineren Atomen. Würde sich jedes einzelne Atom im Sandkorn auf die Größe eines Sandkorns aufplustern, wäre das Sandkorn plötzlich fast zehn Kilometer breit und deine Hand wäre z-e-r-q-u-e-t-s-c-h-t. Die großen Helden dieses Kapitels sind also wirklich klitze-klitzeklein...

Im Herzen des Atoms

Und der Kern eines Atoms, der Nucleus, ist noch zehntausendmal kleiner! Und er besteht aus noch kleineren Teilchen, den Protonen und Neutronen! Kaum zu fassen, was? Jedes Element verfügt über eine einzigartige Anzahl von Protonen (also von positiv geladenen subatomaren Teilchen) im Atomkern. Will man herausfinden, mit welchem Element man es zu tun hat, muss man nur die Protonen im Atomkern durchzählen. Deren Anzahl ist die Atomnummer oder Ordnungszahl des Elements. Und die Atommasse (die auch wie eine Nummer aussieht) ist die Anzahl der Protonen im Atomkern (also die Atomnummer) *plus* die Anzahl der Neutronen.

Radioaktivität

Je größer ein Atom ist, desto leichter zerfällt es. Jedes Atom mit einer Atomnummer über 83 hat *so viele* Protonen im Atomkern, dass es instabil wird und auseinanderbricht. Dabei wird es *radioaktiv* – es gibt Strahlung ab, genauer gesagt eine der drei Arten: Alpha-, Betaoder Gammastrahlung. Die Radioaktivität wurde schon

1896 vom französischen Wissenschaftler Henri Becquerel entdeckt, aber der konnte noch nicht viel damit anfangen und wusste auch nicht, wie er dieses Phänomen nennen sollte. Doch dank

Antoine Henri Becquerel, um 1890

Marie und Pierre Curie

der polnischen Wissen-
schaftlerin Marie Curie
und ihres französischen
Mannes Pierre war die
Menschheit schon bald
sehr viel schlauer. Marie
entdeckte zwei radio-
aktive Elemente: Das erste nannte sie Polonium (nach
ihrem Heimatland), das zweite Radium und gemeinsam
mit Pierre dachte sie sich den Begriff *Radioaktivität* aus.
Traurigerweise wurde Pierre im Jahr 1906 von einer
Kutsche überrollt – und starb. Doch drei Jahre zuvor
waren ihm und seiner Frau bereits der Nobelpreis für
Physik verliehen worden und 1911 bekam Marie zusätz-
lich den Nobelpreis für Chemie. Ihre Tochter Irène trat in
die Fußstapfen ihrer Eltern, beschäftigte sich ebenfalls
mit Radioaktivität und wurde 1935, ein Jahr nach Ma-
ries Tod, ebenfalls mit dem Nobelpreis ausgezeichnet.

Kernspaltung

Um die unglaubliche Macht eines Atoms zu entfesseln,
braucht es eine Kernreaktion – eine Reaktion, bei der
Strahlung freigesetzt wird. Die erste Möglichkeit, eine
Kernreaktion zu starten, ist die Kernspaltung, die in den
30er-Jahren vom Deutschen Otto Hahn und der Ös-

Modell von Fermis Reaktor »Chicago Pile No. 1«, 1942

terreicherin Lise Meitner entdeckt wurde. Am Anfang forschten die beiden noch gemeinsam, doch als die Nationalsozialisten in Deutschland die Herrschaft übernahmen, wurde Meitner als Jüdin verfolgt und musste nach Schweden fliehen. Trotzdem schickte Hahn seiner Kollegin stets die neuesten Ergebnisse seiner Strahlenexperimente und Meitner zeigte sie ihrem Neffen, einem anderen Otto: Otto Frisch. Durch diese Zusammenarbeit entdeckte Hahn 1938 die Wahnsinnsmacht der Kernspaltung: Beschießt man einen Atomkern mit Neutronen, zerfällt er in mindestens zwei Teile und dabei wird eine Riesenmenge Energie freigesetzt.

Bereits 1942 baute der Italiener Enrico Fermi in Chicago den ersten Kernreaktor der Welt, der durch Kernspaltung Strom erzeugte. Die erste Kernspaltung war Fermi sogar schon 1934 gelungen, aber das hatte ihm keiner geglaubt, bis Hahn seine Erkenntnisse veröffentlichte!

Die Bombe

Als der Zweite Weltkrieg ausbrach, machte sich Albert Einstein, der inzwischen weltberühmt war und in den USA lebte, große Sorgen: Womöglich würden die Deutschen eine Bombe entwickeln, die sich die Kernspaltung zunutze machte? Er und eine Gruppe Wissenschaftler schrieben dem Präsidenten der USA einen Brief, in dem sie vorschlugen, den Deutschen einfach zuvorzukommen. Unter anderem deshalb rief die amerikanische Regierung 1943 das Manhattan-Projekt zur Entwicklung der Atombombe ins Leben. Damit hatte Einstein dann aber nichts mehr zu tun und auch andere Wissenschaftler, zum Beispiel Lise Meitner, wollten wegen der entsetzlichen Zerstörungskraft der Bombe nicht daran mitarbeiten. Leiter des Manhattan-Projekts in Los Alamos im amerikanischen Bundesstaat New Mexico war Robert J. Oppenheimer. Nach dem atomaren Angriff auf Hiroshima am 5. August 1945 (da hatte sich Deutschland bereits ergeben) wurde am 9. August eine weitere Atombombe auf das japanische Nagasaki abgeworfen und am 14. August kapitulierte auch Japan. Der Krieg war zu Ende. Viele Japaner, die zunächst überlebt hatten, starben jedoch später noch an der Strahlenkrankheit und Verstrahlung durch radioaktiven Niederschlag.

Kernfusion

Schon vor dem Einsatz der ersten Atombombe hatten Wissenschaftler herausgefunden, dass es theoretisch noch eine zweite Kernreaktion geben müsste: die Kernfusion. Dabei zwingt man zwei Atomkerne, sich zu einem großen Atomkern zu verbinden. Als der Krieg vorbei war, arbeiteten amerikanische und sowjetische Wissenschaftler bereits unabhängig voneinander an einer Bombe, die beide Kernreaktionen miteinander verknüpfte – an der Wasserstoffbombe, auch thermonukleare Bombe oder H-Bombe genannt. Warum Wasserstoff? Weil eine H-Bombe im Grunde eine »normale« Atombombe ist, die von einer wasserstoffhaltigen Substanz umgeben ist. Wird die Bombe durch Kernspaltung zum Explodieren gebracht, kommt es zur Kernfusion: Die Atomkerne des Wasserstoffs verschmelzen miteinander und erzeugen so eine zweite, noch viel stärkere Reaktion. Sowohl die USA als auch die Sowjetunion ließen solche Bomben Anfang der 50er-Jahre bei Tests explodieren. Seitdem wurden immer mehr und immer kompliziertere Kernwaffen entwickelt, darunter Interkontinentalraketen. Wasserstoffbomben wurden zum Glück noch nie in einem richtigen Krieg eingesetzt!

Und jetzt?

Heute stehen weltweit rund 350 Kernkraftwerke herum, die mithilfe der Kernspaltung etwa 20 Prozent des gesamten Stroms liefern. In diesen Kraftwerken kommt ein vierter Typ von Strahlung zum Einsatz, die Neutronenstrahlung, die es neben der Alpha-, Beta- und Gammastrahlung auch noch gibt. Gezielt eingesetzt kann Strahlung zum Beispiel gegen die oft tödliche Krankheit Krebs helfen: Bei einer Strahlentherapie werden subatomare Teilchen in den befallenen Zellen umgewandelt, um den Krebs außer Gefecht zu setzen.

Außerdem bleiben viele Nahrungsmittel durch Bestrahlung länger »frisch«. Ein Pfirsich, der einen Spritzer Gammastrahlung abbekommen hat, sieht noch wunderbar aus, während ein genauso alter unbestrahlter Pfirsich schon vor zwei Wochen matschig geworden ist.

FRISCH!
(ODER DOCH NICHT?)

Trotzdem sind viele Leute nicht nur gegen Atomwaffen, sondern ganz allgemein gegen die Nutzung von Radioaktivität. Ihrer Meinung nach sind die Gefahren, die die entfesselte Macht des Atoms mit sich bringt, viel größer als ihr Nutzen. Eines jedenfalls ist sicher: Selbst wenn Atomwaffen nie wieder eingesetzt werden und nur noch als Drohung dienen – seit es Atombomben gibt, ist die Welt nicht mehr die alte.

Elektrizität

20. Februar 1962, im Inneren der Raumkapsel Friendship 7, irgendwo über der Erde

Der Astronaut John Glenn steht kurz vor dem Ende der Mission Mercury-Atlas 6. Er ist der erste Amerikaner, der die Erde im Weltall umrundet hat. In knapp fünf Stunden hat er die Umlaufbahn insgesamt dreimal durchlaufen und dabei etwa 120 000 Kilometer zurückgelegt. Als er über Australien hinwegfliegt, zwinkern ihm Abertausende von Glühbirnen zu. In Städten und Dörfern werden Straßenlaternen und Lichter an- und ausgeknipst, um ihm eine gute Reise zu wünschen – was ohne Elektrizität ein Ding der Unmöglichkeit wäre.

Bernstein

Die oberschlauen alten Griechen – ja, die schon wieder! – machten eine interessante Beobachtung: Wenn man ein Stück Bernstein reibt, werden kleine Fitzel anderer Materialien davon angezogen. So sehr, dass sie sogar daran festkleben. Einer der Ersten, dem das auffiel, dürfte Thales von Milet gewesen sein, der um 600 vor Christus lebte. Bernstein sieht zwar aus wie ein halbwegs durchsichtiger Edelstein, ist aber in Wirklichkeit uraltes, fossiles Harz. Deshalb sind ja auch öfter einmal Insekten im Bernstein eingeschlossen – weil sie im Harz stecken blieben, als es noch eine klebrige

Flüssigkeit war. (Preisfrage: Was für eine Farbe hat Bernstein? Bernsteinfarben natürlich!) Und das, was die Griechen durchs Reiben von Bernstein entdeckten, nennt man heutzutage statische Elektrizität.

Au! Ist das statisch!

Aber man kann nicht nur Bernstein statisch aufladen. Reibst du einen Luftballon an deinen Haaren, klebt er danach an der Decke – und wieder ist statische Elektrizität im Spiel. Und wenn man jemanden an der Hand fasst (Was denn, Händchen halten ist doch toll!), kann es passieren, dass man einen kleinen Elektroschock spürt oder sogar sieht, wie ein Funke überspringt – vor allem, wenn man dabei über einen Kunststoffteppich schlurft. Außerdem kann man statische Elektrizität aufbauen, indem man eine Katze streichelt, insbesondere eine Langhaarkatze wie meine Katze Beany. Das Wort »elektrisch« hat sich übrigens William Gilbert, ein englischer Arzt, der sich brennend für Elektrizität und Magnetismus interessierte, im Jahr 1600 ausgedacht. Und wie ist er darauf gekommen? »Elektrisch« stammt vom griechischen »elektron«, das... Na, rat doch mal, was das bedeuten könnte! Genau, »Elektron« ist griechisch für... »Bernstein«.

Aufladen!

In Abhandlungen des deutschen Physikers Otto von Guericke aus dem Jahr 1672 findet man die erste Beschreibung einer Maschine, die nur dazu da war, eine elektrische Ladung zu erzeugen – der erste Stromgenerator. Aber erst dem Franzosen Charles François de Cisternay Du Fay gelang der große Durchbruch: Er fand heraus,

Otto von Guericke, 1649

dass es zwei grundverschiedene Arten von elektrischer Ladung gibt: positive Ladungen (+) und negative Ladungen (-).

Und was ist das jetzt eigentlich?

Elektrizität ist eine Form von Energie, die durch die Bewegung positiver und negativ geladener subatomarer Teilchen erzeugt wird. Ungleiche Ladungen (also + und – oder – und +) ziehen sich gegenseitig an; wegen dieser Anziehung klebt der Luftballon an der Decke und das Staubkorn am Bernstein. Gleiche Ladungen (wie + und + oder – und -) stoßen sich gegenseitig ab, sie schieben sich voneinander weg. Fassen wir zusammen: Gleiche Ladungen stoßen sich ab, ungleiche Ladungen ziehen sich an. Klingt bekannt? Dann weiter: Durch diesen Effekt fließt Elektrizität durch einen Draht oder etwas Ähnliches – die geladenen Teilchen werden von der gegensätzlichen Ladung angezogen,

es zieht sie richtig vorwärts. Und so entsteht das, was wir als elektrischen Strom kennen.

Kannst du bitte mal eine Flasche Elektrizität rüberreichen ...

Elektrizität wie Cola in der Flasche? Also jetzt wird es wirklich abgedreht. Doch es geht tatsächlich. Und zwar so: In einem Kondensator kann man Elektrizität speichern, um sie später wieder freizusetzen. Der erste Kondensator der Welt war die Leidener Flasche – und damit hätten wir schon Elektrizität in der Flasche. Die

Leidener Flasche, 1746

Leidener Flasche wurde um 1754 herum von zwei Männern erfunden, die nicht zusammenarbeiteten und auch nicht Leiden hießen. Der eine war der niederländische Physiker Pieter van Musschenbroek, der andere hieß Ewald Georg von Kleist und kam aus Pommern. Und warum nennt man das Ding dann Leidener Flasche? Weil Musschenbroek an der Universität von Leiden arbeitete. Die ursprüngliche Leidener Flasche war eine mit Wasser gefüllte Glasflasche. Im Flaschenhals steckte ein Stopfen, durch den ein Nagel (oder auch ein Draht) gebohrt war, der unten ins Wasser hing. Man konnte die Flasche aufladen, indem man das obere Ende des Nagels an einen Generator hielt [also an eine Maschine, die Elektrizität generiert (= erzeugt)]. Nahm man die Flasche dann vom Generator, war die Elektrizität in der Flasche gespeichert. Woran hatte man das erkannt? Tja, wenn man die Flasche in die eine Hand nahm und das obere Ende des Nagels mit der anderen Hand berührte ... entlud sich die Elektrizität durch den Arm und man bekam einen fiesen Stromschlag! Der Arm wurde zum elektrischen Leiter und an solchen Leitern kann man nicht mal hochklettern.

Blitz und Donner

Der Amerikaner Benjamin Franklin war ein echter Tausendsassa: Wissenschaftler, Verleger, Autor, Staatsmann ... und für Elektrizität interessierte er sich auch noch. Er wollte beweisen, dass atmosphärische Elektrizität, also Blitz und Donner, auch nichts anderes ist als die Elektrizität, die

Benjamin Franklin

man schon von der statischen Aufladung her kannte. Im Jahr 1747 dachte er sich dazu ein Experiment mit einem Drachen aus und ließ seine Idee in London veröffentlichen. Daraufhin wurde das Experiment in England und Frankreich erfolgreich ausprobiert, bevor Franklin'es 1752 in den USA selbst durchführte: In einem heftigen Gewitter ließ er einen Drachen steigen – einen Drachen mit einer feuchten Schnur dran, an

die er einen Metallschlüssel gebunden hatte. Der Blitz schlug in die Schnur ein und die elektrische Ladung schoss nach unten, direkt auf Franklin zu. (Einige Menschen, die das Experiment später nachstellten, kamen dabei ums Leben, ALSO DENK NICHT MAL DRAN, ES SELBST ZU VERSUCHEN!!!). Danach erfand Franklin auch noch den Blitzableiter. Blitzableiter bringt man vor allem auf hohen Gebäuden an, um dem Blitz einen bequemen Weg nach unten zu bieten – einen Weg mit geringem elektrischem Widerstand, damit die elektrische Ladung durch den Blitzableiter in den Boden abfließt und nicht das Gebäude beschädigt. Für diesen Geistesblitz und für andere Verdienste wurde Franklin von der Universität St. Andrews und der Universität Oxford zum Ehrendoktor ernannt, in die Londoner Royal Society aufgenommen und 1753 von der Royal Society mit der hübsch glänzenden und sehr bedeutenden Copley-Medaille ausgezeichnet. (Na gut, laut einer seiner Theorien war Elektrizität eine »Flüssigkeit«, die sich in jedem Stoff verbarg. Das wissen wir heute natürlich besser, aber hey, man kann ja nicht in allem recht haben!)

Blitzableiter, ca. 1749

Volt und Ampere

Auch der italienische Physiker Alessandro Volta (1745–1827) interessierte sich für »atmosphärische Elektrizität«. Um 1800 herum entwickelte er eine Apparatur, die als Stromquelle dienen konnte und heute als voltasche Säule bekannt ist – die erste brauchbare Batterie. Davon war

André-Marie Ampère, 1810

unter anderem Kaiser Napoleon äußerst beeindruckt, du weißt schon, der Chef von Frankreich. Napoleon machte Volta zum Grafen und noch dazu wurde eine elektrische Einheit nach ihm benannt: das Volt. (Vielleicht hast du ja schon mal irgendwo gelesen: »LEBENSGEFAHR! 30 000 VOLT!«). Auch eine andere elektrische Einheit, das Ampere, trägt den Namen eines Franzosen. André Ampère beschäftigte sich mit der Verbindung zwischen Elektrizität und Magnetismus: dem Elektromagnetismus. Pfiffig wie er war, gelangen ihm viele beeindruckende Entdeckungen. Zum Beispiel ord-

Alessandro Volta und Napoleon, ca. 1810

nete er bei einem Experiment zwei elektrische Leiter parallel zueinander an: Ließ er den Strom in gleicher Richtung durch die Leiter fließen, zogen sie sich gegenseitig an. Ließ er den Strom in entgegengesetzten Richtungen durch die Leiter fließen, stießen sie sich ab. Wie viel Strom dabei durch die Leitungen fließt, gibt man übrigens mit Watt an. (Das kennt man ja von den 60-Watt-Glühbirnen her und seinen Namen verdankt es übrigens dem schottischen Ingenieur James Watt – aber der taucht in diesem Buch erst weiter hinten auf). Dabei hatte James Watt gar nicht so viel mit Elektrizität am Hut, außer dass man mit der Dampfkraft seiner Dampfmaschinen Elektrizität erzeugen konnte.

Kein unbedeutendes Feld

Und es gibt noch eine elektrische Einheit: das Farad. Das wiederum wurde nach dem britischen Wissenschaftler Michael Faraday (1791–1867) benannt. Allerdings wird Farad nicht so oft benutzt wie Volt, Ampere oder Watt.

Als Sohn eines Schmieds hatte Faraday eher wenig Schulbildung abbekommen, aber eines konnte er: lesen. Und das brachte ihm sehr viel! Denn als er bei einem Londoner Buchbinder in die Lehre ging, band er dort nicht nur Bücher, sondern schmökerte so ganz nebenbei in den wissenschaftlichen Wälzern... Die fas-

Faraday in seinem Laboratorium, 1831

zinierten ihn so sehr, dass er bald eigene Experimente anstellte. Anfangs hatte es ihm vor allem die Chemie angetan und so wurde er zum Gehilfen des angesehenen Chemikers Sir Humphry Davy. Und wie hatte er den Job bekommen? Indem er eine von Sir Humphrys Vorlesungen besuchte und ihm hinterher seine Notizen schickte. Sir Humphry war mächtig beeindruckt und 1813 durfte Faraday mit ihm auf Europatournee gehen. Doch seine größten Erfolge feierte Faraday in den 20er- und 30er-Jahren des 19. Jahrhunderts, als er Experimente mit Elektromagnetismus anstellte. Dabei machte er haufenweise wichtige Entdeckungen, unter anderem folgende: Bewegt man einen Draht durch ein Magnetfeld – also durch den Bereich, der von einem

Magneten beeinflusst wird –,
fließt Strom durch den Draht.
Dieses Phänomen nennt man
»elektromagnetische Induktion«. Und warum war das so eine große Sache? Weil es letzt-
endlich zur Erfindung riesiger
Stromgeneratoren führte. Und
die versorgen unsere Häuser
bis heute mit Licht, Wärme und
Strom.

Sir Humphry Davy,
_1801_

Es werde Licht

Das war das Unglaubliche an der Elektrizität: Hatte
man sie erst mal entdeckt und _verstanden,_ konnte man
damit ganze Städte beheizen und beleuchten – und das
krempelte die Welt ganz schön um.
Früher machten die Leute mit Ker-
zen oder Petroleumlampen Licht
und heizten mit Holz, Kohle oder
Koks. Später wurden die Gasbe-
leuchtung und Gasöfen zum Heizen erfunden. Doch das Gas, das
dazu in die Häuser geleitet werden
musste, war giftig! Waren die Roh-
re undicht, wurde man entweder
vergiftet oder das Zeug ging in die
Luft und dann war es gleich ganz vorbei. Noch dazu
musste man das Gas mit einer offenen Flamme ent-

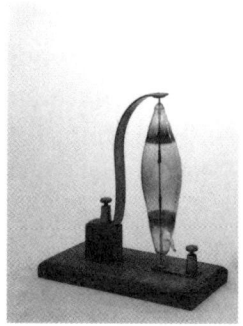

Swans Glühlampe,
_1878–1879_

zünden, was an sich schon ziemlich
gefährlich war.

Doch die Elektrizität veränderte
alles. Am Anfang waren nur wenige
»wichtige« Gebäude mit sogenannten Kohlebogenlampen ausgestattet,
bei denen ein geschwungener Funke
zwischen zwei Kohlestücken glühte.
Diese Lampen machten zwar einiges
her und waren auch unglaublich
hell, brachten aber nicht sonderlich
viel, weil sie rasch ausbrannten und
nur einen kleinen Bereich beleuch-
teten. Aber dann kam die Glühbirne…

Edisons Glühlampe,
1878–1879

Ein glänzender Einfall

Im Jahr 1878, nach 20 Jahren richtig harter Arbeit,
erfand der Engländer Joseph Swan die Glühbirne –
und kurz darauf machte der amerikanische Erfinder
und Unternehmer Thomas Edison dieselbe Erfindung.
(Edison ließ sich übrigens über 1 000 Erfindungen patentieren. Kein Wunder, dass er im Buch noch ein paar
Mal auftaucht.) Swan war also Erster und trotzdem
warf Edison ihm vor, seine Idee geklaut zu haben! Der
Streit wurde vor Gericht ausgetragen, bis die beiden
schließlich gemeinsam die Edison Swan Electric Company gründeten. (Swan hatte die Glühbirne zwar als
Erster erfunden, aber Edison war viel berühmter und
deshalb wollte er, dass wenigstens sein Name an erster

Stelle stand!) Edisons Laboratorien befanden sich in
Menlo Park und an Silvester 1879 ließ er die Straßen
und Häuser des ganzen Dorfs in elektrischem Licht er-
strahlen. Im September 1881 wurde in der New Yorker
Pearl Street das erste Kraftwerk für elektrischen Strom
eingeweiht.

Die elektrifizierte Welt

Heutzutage verwenden wir Elektrizität nicht nur zum
Heizen, Lichtmachen und Kochen, sondern für alles
Mögliche. Elektrifizierte Zäune halten Kühe im Zaum.
Elektrizität treibt den Computer an, auf dem ich diese
Wörter tippe. Ohne Elektrizität würden Alarmanlagen
nicht funktionieren, ohne Elektrizität würden Ampeln
den Geist aufgeben und auf den Straßen herrschte Cha-
os, ohne Elektrizität könnte man weder telefonieren
noch im Internet surfen. Ohne Elektrizität würden die
Instrumente der Flugzeuge streiken und die Radaran-
lagen ausfallen, die sie am Himmel im Auge behalten.
Schau dich mal genau um. Seit man die Elektrizität
entdeckt und Wege gefunden hat, ihre Kraft zu nutzen,
ist die Welt eine völlig andere. Das weiß der Astronaut John Glenn besonders gut. Denn er hat die vielen
blinkenden Lichter mit eigenen Augen gesehen – vom
Weltraum aus.

Keime

6. Juli 1885, Paris, Frankreich

Ganze 14 Mal ist der neunjährige Joseph Meister von einem Hund gebissen worden, der vermutlich die Tollwut hatte. Steckt man sich damit an, ist die Krankheit auch für Menschen absolut schrecklich: Man hat Schaum vorm Mund, leidet an Krämpfen und Lähmungen und oft endet es tödlich. Deshalb fleht Josephs Mutter den Wissenschaftler Louis Pasteur an, ihrem Sohn doch bitte! bitte! eine seiner berühmten Impfungen zu verabreichen. Doch Pasteur hat die Tollwut-Impfung noch nie an einem Menschen ausprobiert! Soll er es riskieren? Hat Joseph sich durch die Hundebisse wirklich mit der Tollwut angesteckt? Dann könnte er ihn vielleicht retten! Wenn nicht, würde Pasteur ihn womöglich durch die Impfung in Gefahr bringen! Was tun? Pasteur muss sich entscheiden, denn die Zeit wird knapp ...

Was man nicht sieht ...

Manches wirkt heute so altbekannt und offensichtlich, dass man sich kaum vorstellen kann, dass die Leute früher nicht das Geringste davon ahnten. Ein gutes Beispiel dafür sind Keime. Es klingt unglaublich, aber Keime wurden erst vor gar nicht einmal so langer Zeit entdeckt. Vor 200 Jahren hatte man noch keine Ah-

nung davon. In Krankenhäusern wurde die Bettwäsche nicht jedes Mal gewechselt, bevor sich ein neuer Patient ins Bett legte. Ärzte behandelten oftmals reihenweise Patienten, ohne ihre Instrumente zwischendurch gründlich zu reinigen, und mit ihrer Arbeitskleidung hielten sie es genauso. Als Chirurg zeigte man sogar voller Stolz seine schmuddelige, blutverschmierte Schürze her, damit alle sahen, wie viele Operationen man schon gemeistert hatte! Außerdem hatten die Leute noch nicht kapiert, dass es keine gute Idee war, aus Flüssen voller Müll zu trinken. Und niemand wusste, wie sich Krankheiten eigentlich verbreiteten.

Pocken mit Pocken bekämpfen

Vor etwa 300 Jahren ging eine gefährliche Seuche um: die Pocken. Am Anfang bekam man hohes Fieber, Rücken und Muskeln schmerzten, oft musste man sich übergeben. Und wenn dann überall auf der Haut eitrige Pusteln (oder wunde Stellen) auftauchten, hatte man meist nicht mehr lange zu leben. Aber falls man Glück hatte und doch überlebte, konnte man sich nie mehr mit den Pocken anstecken (wobei einen die Pocken oft blind und voller Narben zurückließen). Das brachte türkische Ärzte auf eine schlaue Idee: Man könnte die Leute doch absichtlich mit einer sehr zahmen Form der Pocken anstecken. Dann wären sie kurz geschwächt, würden sich aber wahrscheinlich wieder erholen – und wären danach vor den tödlichen Pocken sicher, oder? Und so stellten sie das an: Die Ärzte sammelten Flüssigkeit aus den Pusteln von Pockenkranken, verpassten gesunden Menschen einen Kratzer am Arm und rieben die Flüssigkeit in die Wunde.

Eine verdammt ansteckende Idee

Lady Mary Wortley Montagu, die Frau des britischen Botschafters in der Türkei, machte sich Sorgen um ihre Kinder. Die Pocken waren ausgebrochen! Doch das logische Denken der türkischen Ärzte beeindruckte sie und deshalb ließ sie ihre Kinder von ihnen mit zahmen Pocken behandeln. Lady Montagu war eine große Briefeschreiberin (später wurden Sammlungen ihrer Briefe als Bücher veröffentlicht) und jetzt setzte sie sich in

den Kopf, die Ärzte in ihrer Heimat
zu überreden, dem Vorbild der türkischen Kollegen zu folgen. Doch
die britischen Ärzte trauten sich
nicht! Sie wollten einem kerng-
sunden Menschen nicht einfach
eine tödliche Portion Pocken
verabreichen. Trotzdem hatte
Lady Montagu den Samen einer guten Idee gesät ...

Eine Entdeckung und noch eine Idee

Der große Durchbruch kam erst,
als der britische Arzt Edward
Jenner (1749–1823) entdeckte,
dass es neben den gefürchteten
Pocken noch andere, viel weniger schlimme gab: die Kuhpocken, die auch *vaccinia* genannt
wurden. Die Kuhpocken waren
ebenfalls »Pocken«, weil sie genau wie die tödlichen Pocken
eitrige Pusteln mit sich brach-

Edward Jenner,
um 1800

ten – aber wer sich bei einer Kuh mit Kuhpocken angesteckt hatte, überlebte so gut wie immer. Außerdem
war Jenner aufgefallen, dass Leute, die schon die Kuhpocken hinter sich hatten, nie richtige Pocken beka-
men. Der Haken an der schlauen Idee aus der Türkei
war ja, dass man die Patienten mit tödlichen Pocken

anstecken musste, die sie schlimmstenfalls ins Grab brachten. Aber wenn man sie stattdessen mit den viel harmloseren *Kuh*pocken ansteckte? Könnte man damit nicht dasselbe erreichen?

Von der Theorie zur Praxis

1796 machte Edward Jenner ein Milchmädchen ausfindig, das sich die Kuhpocken eingefangen hatte. Er nahm die Flüssigkeit aus einer Pustel an ihrer Hand und spritzte sie einem kerngesunden Achtjährigen. Das war James Phipps, der dummerweise bei ihm in der Gegend wohnte. James bekam die Kuhpocken, wurde aber nicht mal richtig krank. Acht Wochen später verabreichte Jenner dem armen Jungen eine weitere Spritze, aber diesmal mit den tödlichen Pocken! Vermutlich waren alle sehr froh, dass es James weiterhin gut ging. Jenner hatte ein unglaublich gefährliches Experiment gewagt – und das an einem Kind –, aber dadurch hatte er einen Weg gefunden, die Pocken in die Knie zu zwingen.

So geht das also. Aber warum!?

Unser Körper verfügt über ein *Immunsystem,* das für uns gegen Krankheiten kämpft. Als die Kuhpocken in James Phipps' Körper gelangten, machte sich sein Immunsystem sofort an die Arbeit: Es fand heraus, um

was für Eindringlinge es sich handelte und wie man sie
am besten besiegen konnte. (Verliert unser Körper den
Kampf, gewinnt die Krankheit und man ist tot.) Durch
diesen »Einsatz« hatte sein Körper »gelernt«, wie man
mit Pocken fertig wird, und als er die tödlichen Pocken
verpasst bekam, konnte sein Immunsystem die Pocken
zerstören! Anfangs lachten viele über Edward Jenner
und seine Entdeckung, weil er immer noch nicht wusste, woher die Pocken eigentlich kamen. Er hatte bloß
eine Methode entdeckt, sie zu bezwingen, und zwar
eine ziemlich irrwitzige Methode. Aber bald mussten
die Leute einsehen, dass er Erfolg hatte: Wer mit Kuhpocken geimpft war, überlebte Pockenseuchen – die
anderen starben.

Ein durchschlagender Erfolg

Die Pockenimpfung war eine der wichtigsten Entdeckungen in der Geschichte der Medizin. Früher wurden
die Pocken gefürchtet wie kaum eine andere Krankheit,
heute sind sie komplett verschwunden. Nach Massen-
impfungen, bei denen man ganze Kontinente impfte,
wurde im Jahr 1979 weltweit kein einziger Pockenfall
mehr gemeldet. Kein einziger! Heute haust der letzte
überlebende Pockenvirus nicht mehr im Körper eines
Kranken, sondern in wissenschaftlichen Forschungsla-
boren. Der Begriff Virus stammt übrigens von Edward
Jenner selbst und das englische Wort für »Impfung«
lautet »vaccination« – nach *vaccinia,* den Kuhpocken.
Diese Bezeichnung dachte sich der Franzose Louis

Pasteur (1822–95) aus, um Jenners Leistung anzuerkennen. Und das war nicht seine einzige gute Idee …

Der brillante Monsieur Pasteur

Louis Pasteur, um 1870

Louis Pasteur entdeckte die Keime. Und er begriff als Erster, was für eine Rolle Keime bei der Verbreitung von Krankheiten spielen. Er hatte sich schon einen Ruf als genialer Wissenschaftler erarbeitet, als ihn im Jahr 1856 ein gewisser Monsieur Bigo um Hilfe bat. Monsieur Bigo besaß eine Firma, die enorme Mengen Alkohol herstellte. Dazu ließ sie Zuckerrübensaft und verschiedene Gemüsesorten in riesigen Fässern gären – aber leider wurde das Zeug immer wieder schlecht! Ob Monsieur Pasteur wohl mal einen Blick darauf werfen könnte? Monsieur Pasteur schaute sogar ganz genau hin, machte dabei eine erstaunliche Entdeckung, zog daraus seine eigenen Schlüsse und stellte die Welt der Medizin im Handumdrehen auf den Kopf.

Die mikroskopisch kleine Welt der Mikroben

Gären ist nichts anderes als die Umwandlung von Obst oder Gemüse in Alkohol. Zu Pasteurs Zeiten dachte man, dabei würde bloß eine chemische Reaktion ablaufen: Zwei Substanzen reagieren miteinander und am Schluss kommt etwas anderes heraus. Unterm Mikroskop konnte man in gärenden Flüssigkeiten zwar winzig kleine Kleckse erkennen, doch darüber machte sich niemand Gedanken. Als Pasteur nun Monsieur Bigos Bottiche unter die Lupe nahm, kam er zu einem überraschenden Ergebnis: Seiner Meinung nach waren die winzigen Kleckse Mikroben – klitzekleine Lebewesen, die man nur unterm Mikroskop erspähen kann. Diese speziellen Mikroben, erklärte er, seien Hefen, also eine bestimmte Art von Pilz (auch wenn sie nicht gerade wie Fliegenpilze oder Pfifferlinge aussahen), und diese winzigen Hefen wandelten den Zucker in Alkohol um. Seine Kollegen lachten sich kaputt... bis Pasteur seine Theorie mit einer Reihe von Experimenten belegte: Entfernte man die Hefen, wollte das Zeug nicht mehr gären. Und fügte man stattdessen andere Mikroben hinzu, stimmte die Mischung nicht mehr. Damit hatte Pasteur nicht nur Monsieur Bigos Problem bei der Herstellung von Hochprozentigem gelöst, sondern ganz nebenbei noch ein völlig neues Wissenschaftsfeld aufgetan: die Mikrobiologie!

Wenn Keime zur Attacke blasen

Louis Pasteur forschte weiter und studierte unter anderem eine bestimmte Gruppe von Mikroben: die Bakterien. Er fand sie überall – im Wasser, in der Erde, in Pflanzen, sogar im Inneren von Menschen. Einige dieser Bakterien, so mutmaßte er, waren eine Gefahr für Menschen und diese Bakterien nannte er Keime. Keime, verkündete er in einer Schrift aus dem Jahr 1858, verursachen Krankheiten und ganze Seuchen. Natürlich wollte das mal wieder niemand glauben. Wie kann etwas so Kleines etwas viel, viel Größeres (also dich und mich) angreifen und töten? Das ist doch lächerlich! Ein winziges Pflänzchen oder Tierchen oder was auch immer kann doch niemals in den menschlichen Körper eindringen und ihn von innen her kaputt machen! Welch törichte Idee! Töricht hin oder her, Pasteur hatte recht. Und durch seine Entdeckung konnte man auch viel besser erklären, warum Jenners Impfungen funktioniert hatten.

Einmal pasteurisieren, bitte!

Schließlich war Pasteur so berühmt geworden, dass sich sogar der französische Kaiser Napoleon III. an ihn wandte. Ob er vielleicht herausfinden könnte, warum so viele französische Weine sauer wurden? Pasteur guckte sich auch das einmal an und fand bald heraus, dass sich

der falsche Mikrobentyp in den sauren Wein eingeschlichen hatte. Und was noch viel wichtiger war: dass man die Mikroben durch Hitze zerstören konnte. Man musste den Wein (oder das Bier) nur über 57 °C erwärmen und

DURCH KOCHEN GETÖTETE KEIME

schon starben die Keime ab, Geschmack und Aussehen änderten sich aber nicht. Das probierte Pasteur auch mit Milch aus, die ja ein wahres Paradies für Bakterien ist, und wieder funktionierte es. Heutzutage wird bei uns fast nur noch pasteurisierte, also kurzzeitig erhitzte Milch verkauft. Und woher das Wort »pasteurisieren« kommt, kannst du dir sicher denken... Wie so oft hatte eine ganz einfache Entdeckung einen gewaltigen Unterschied mit sich gebracht.

Impfstoffe über Impfstoffe

Mit der Zeit entwickelte und erforschte Pasteur zahlreiche Impfstoffe und entdeckte sogar einen Impfstoff gegen die Tollwut. Den konnte er seinen Patienten zwar nur verabreichen, nachdem sie von einem tollwütigen Hund gebissen worden waren und bevor erste Anzeichen der Tollwut auftraten, aber immerhin. Als er den Impfstoff 1885 an Joseph Meister testete, den es besonders schlimm erwischt hatte, rettete er dem Jungen damit das Leben.

Eine medizinische Entdeckungsreise

Im Kampf gegen die Keime war die Menschheit schon 1847 einen großen Schritt vorangekommen. Damals starben viele Mütter und Neugeborene am Kindbettfieber, an dem sie sich in den Kliniken ansteckten. Da hatte der ungarische Arzt Ignaz Semmelweis eine hervorragende Idee: Vielleicht wäre es nicht schlecht, wenn sich die Ärzte *die Hände waschen* würden, bevor sie ein Baby auf die Welt holen! Die Ärzte lachten nur: Hände waschen! Sie lehnten die Idee als pure Zeitverschwendung ab und

Semmelweis wurde das Leben richtig schwer gemacht. Doch irgendwann fiel der Groschen und die Sauberkeit hielt in den Kliniken Einzug. Durch diese einfache Maßnahme ließ sich das Kindbettfieber tatsächlich stark eindämmen. Der britische Chirurg Joseph Lister entdeckte dann eine noch bessere Methode, die Keime in die Schranken zu weisen: Er fand heraus, dass Karbolsäure Keime abtötet. Um Karbolsäure zu gewinnen, löste man meist einen weißen Kristall in Wasser auf. Lister benutzte die Säure bei seinen Operationen – und hatte damit das erste Desinfektionsmittel entwickelt. Die Todesrate bei Operationen sank! Die Entdeckung der Keime und der entsprechenden Gegenmittel hat die Welt grundlegend verändert. Heutzutage achtet man ganz anders auf Sauberkeit und lebt viel gesünder als früher – und dadurch leben die Menschen deutlich länger! Im nächsten Kapitel sehen wir, wie die Entdeckung der Anästhetika und der Antibiotika die Welt noch weiter umgekrempelt haben.

Anästhetika und Antibiotika

1928, Bakteriologisches Labor, St. Mary's Hospital, London

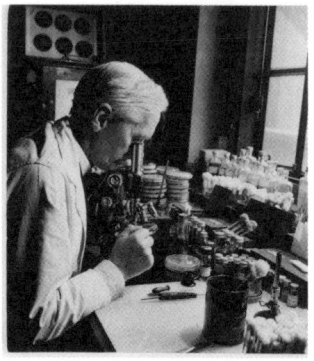

Alexander Fleming, 1943

Alexander Flemings Labor ist mal wieder völlig zugestellt: Auf jeder Arbeitsfläche steht irgendetwas herum, in der Spüle stapeln sich die Petrischalen, nirgendwo gibt es ein freies Plätzchen. Jede Petrischale – kleine, flache, runde Gefäße mit einem dichten Deckel – enthält Bakterien, die Fleming für seine Experimente mit Grippeerregern braucht. Als er von seinem Sommerurlaub zurückkehrt, öffnet er eine Petrischale nach der anderen, guckt sich die Bakterien an und legt die Schale in Reinigungsmittel ein … bis ihm eine Petrischale auffällt, in der ein kleiner Pelz gewachsen ist, anscheinend ein Schimmelpilz. So etwas kommt vor, wahrscheinlich war der Deckel nicht richtig drauf. Es wäre nicht die erste Probe, die wegen einer Verunreinigung verdorben ist. Doch Fleming schaut genauer hin. So etwas hat er noch nie gesehen – seine wissenschaftliche Neugier ist geweckt! In der Nähe des pelzigen Etwas sind keine Bakterien mehr zu erkennen, sondern nur noch ganz am Rand. Also hat dieser rätselhafte Schimmelpilz die Keime … umgebracht? Und was *ist* das eigentlich?

RÄTSELHAFTER
SCHIMMELPILZ ↘

Der Sieg über den Schmerz

Von ein paar bemerkenswerten Fort-
schritten auf dem Gebiet der Medizin
haben wir jetzt schon erfahren, aber
das war noch lange nicht alles!
Am wichtigsten war vermutlich die
Entdeckung der Antibiotika: Medikamente, die es mit allen möglichen Krankheitserregern aufneh-
men können. Doch zuvor wurde noch ein anderer Gip-
fel der Genialität erklommen: die Anästhesie. Was ist
das? Die Anästhesie bewahrt uns bei Operationen vor
Schmerz – entweder indem sie den Patienten sanft ein-
schlummern lässt (Allgemeinanästhesie oder Vollnar-
kose) oder indem sie den Körperteil betäubt, der ope-
riert wird (Lokalanästhesie). Vor der Entdeckung von

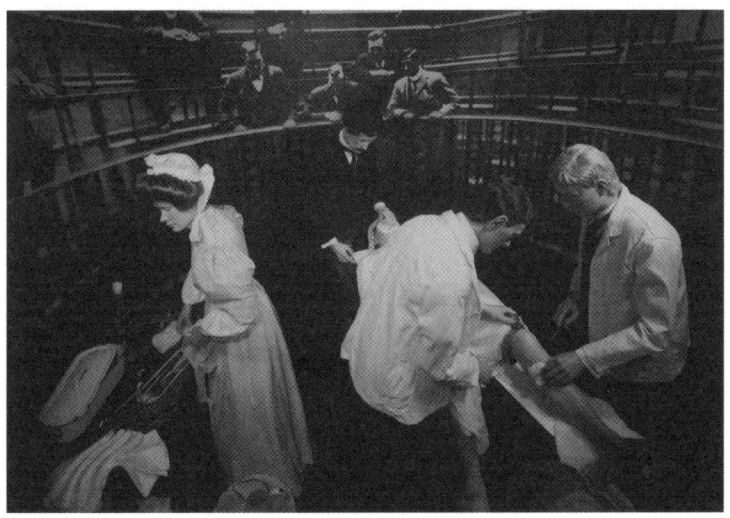

Eine Operation im Jahre 1895

Profi-Betäubungsmitteln waren die meisten Patienten hellwach, während ihnen ein Bein abgenommen oder der Bauch aufgeschlitzt wurde. Häufig handelte es sich um Soldaten oder Seeleute, die im Kampf verwundet worden waren. Die konnten von Glück sagen, wenn sie vor der Operation etwas Hanf rauchen (eine Pflanze, aus der auch Seile geflochten werden) oder einen kräftigen Schluck Rum trinken konnten. Aber selbst dann war es noch so schlimm, dass man die Männer mit Gewalt auf dem Operationstisch festhalten musste! Schließlich entdeckte man erste Narkosemittel: das Lachgas und eine Flüssigkeit, die man Äther nannte. Aber mit dem Äther gab es ein Problem: Man wusste nie, welche Menge man dem Patienten verabreichen musste. Viele Leute wachten mitten in der Operation auf oder mussten sich hinterher furchtbar übergeben. 1831 entwickelte der amerikanische Chemiker Samuel Guthrie ein Narkosemittel namens Chloroform. Das wirkte tatsächlich, wurde jedoch erst 16 Jahre später erstmals bei medizinischen Eingriffen eingesetzt.

Königliche Anerkennung

Dem schottischen Chirurgen James Simpson lag das Wohl seiner Patienten am Herzen. Er wollte, dass Operationen weniger schmerzvoll verliefen, doch von Äther hielt er nicht viel. Er kannte die üblichen Nebenwirkungen: mittendrin aufwachen, schreckliches Erbrechen. Aber er hatte von Chloroform gehört und im Jahr 1847 dachte er sich, dass man es doch mal

damit probieren könnte. Aber *an wem* sollte er es ausprobieren? Schließlich beschloss er gemeinsam mit
zwei anderen Ärzten, Dr. Duncan und Dr. Keith, das
Chloroform an sich selbst zu testen. Die drei Herren
schritten zur Tat – und kippten auf der Stelle um. Sie
waren fest eingeschlafen. Während die anderen beiden
dalagen wie Kartoffelsäcke, trat Dr. Keith die ganze
Zeit gegen einen Tisch und wedelte mit den Armen.
Trotzdem stellte Simpson nach dem Aufwachen fest,
dass sein ungewöhnliches Experiment ein voller Erfolg
gewesen war! Doch erst 1853, nachdem Königin Vic-
toria bei der Geburt des kleinen Leopold (ihres achten
von neun Kindern) Chloroform verabreicht bekommen
hatte, wurde es auch von
anderen Ärzten verwen-
det. Und auf einmal war
es groß in Mode!

Röntgenstrahlen

Eine weitere wichtige Entdeckung der Mediziner waren die Röntgenstrahlen, über die der deutsche Physiker Wilhelm Röntgen 1895 eher zufällig stolperte. Mit
Röntgengeräten kann man das Innere des Menschen
fotografieren, sich die Knochen und inneren Organe
also von außen angucken. Der Vorteil: Man muss den
Patienten nicht gleich aufschlitzen! Das mit dem Aufschlitzen ist nämlich so eine Sache: Da Sauberkeit und
Hygiene nicht immer hinhauen, besteht bei jeder Operation das Risiko einer Infektion. Im Klartext: Die Ope-

ration rettet dem Patienten vielleicht das Leben, dabei gelangen aber Krankheitserreger in den Körper, die ihn gleich wieder umbringen!

Und jetzt kommen die Antibiotika ins Spiel. Das sind Medikamente, die nicht nur einen bestimmten Typ Keim, sondern alle möglichen Keime abtöten. Und so überleben mehr Patienten...

Alexander Fleming

1922 hatte Alexander Fleming schon ein natürliches Desinfektionsmittel in der Tränenflüssigkeit aufgespürt, aber heute kennt man ihn vor allem als Entdecker des ersten Antibiotikums: Penizillin. Warum das so wichtig war? Tja, mit Penizillin hätte man schreckliche Seuchen wie die Beulenpest, die im Mittelalter Millionen Menschen das Leben kostete, von vornherein verhindern können! Doch als Fleming das Penizillin entdeckte – jenen seltsamen Schimmelpilz, den er am Anfang des Kapitels in der Petrischale gefunden hat – und seine Erkenntnisse veröffentlichte, überschlugen

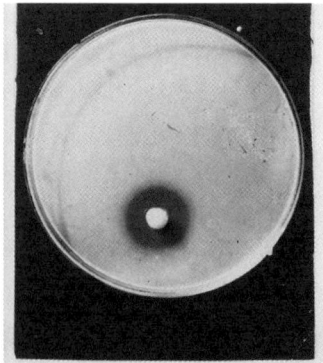

Penizillin, das in einer Petrischale wächst (1943)

sich die Leute nicht gerade vor Begeisterung. Fleming forschte trotzdem unermüdlich weiter. Aber es war sehr schwer, den Schimmelpilz in größeren Mengen zu züchten, und deshalb interessierte sich kaum jemand für dieses lebensrettende Wundermittel...

Florey und Chain

Dass sich das bald änderte, ist nur dem Pathologen (das sind die, die sich Leichen genauer angucken) Howard Walter Florey zu verdanken. Florey wurde zwar in Australien geboren, kam aber zum Studieren nach England und dort blieb er auch, als er Professor wurde. Als Direktor der Dunn School of Pathology, die noch heute zur Universität Oxford gehört, begann er 1935, mit Flemings Penizillin-Schimmelpilz zu experimentieren. Vier Jahre später hatte er zusammen mit Ernst Boris Chain, einem jüdischen Deutschen, der vor den Nazis aus Berlin geflohen war, zwei wichtige Dinge herausgefunden: nämlich welcher Teil des Schimmelpilzes die Keime eigentlich abtötete und wie man das Medikament in größeren Mengen herstellen konnte. Kurz darauf brach der Zweite Weltkrieg aus. In Großbritannien kümmerte man sich nur noch um den Krieg und die britische Regierung hatte keinen blassen Schimmer, was für eine Bedeutung das bis dahin wenig beachtete Penizillin haben könnte. Deshalb ging Florey in die USA.

Hinweise zur Einnahme von Penizillin

Mit der ursprünglichen Form von Penizillin gab es ein Problem: Man konnte es nicht einfach schlucken, denn dann wurde seine »Heilkraft« in null Komma nichts von den Verdauungssäften zerstört. Und man konnte es sich auch nicht spritzen lassen, denn damals war es noch so stark verunreinigt, dass man dadurch nur noch kränker geworden wäre. Irgendwann gelang es Florey und Chain zwar, reines Penizillin herzustellen, das gut wirkte, aber leider nur in winzig kleinen Mengen. Bei ihren ersten Tests an Menschen war das Penizillin so knapp, dass man es durch chemische Reaktionen aus dem Urin des Patienten wiedergewinnen und noch einmal verwenden musste! Schließlich konnte man in den USA doch so viel Penizillin herstellen, dass man damit den Soldaten – die ja immer noch im Zweiten Weltkrieg kämpften – in den Lazaretten helfen konnte... und endlich kapierten die Leute, was Penizillin alles draufhatte! Damals war es noch einfacher und günstiger, das Medikament in riesigen Fässern voll gärendem Schimmelpilz zu züchten, als es chemisch im Labor zu erzeugen. Aber heute kann man Penizillin mit chemischen Mitteln günstig und massenhaft produzieren.

Höchste Ehre

1945, als der Zweite Weltkrieg zu Ende ging, wurden Alexander Fleming, Howard Walter Florey und Ernst Chain gemeinsam mit dem Nobelpreis für Me-

dizin ausgezeichnet. Fleming hatte begriffen, wie bedeutend seine Zufallsentdeckung war, auch wenn ihm vielleicht nicht ganz klar war, was man damit alles anstellen könnte. Florey und Chain hatten dann dafür gesorgt, dass seine Entdeckung tatsächlich Leben rettete. Mit den verschiedenen Antibiotika, die seit den 50er-Jahren entwickelt wurden, kann man Krankheiten behandeln, die früher viele Menschen unter die Erde brachten. Lungenentzündung und Tuberkulose, zwei der tödlichsten Krankheiten aller Zeiten, können heute geheilt werden. Außerdem werden heute mehr und schwierigere Operationen durchgeführt, weil man die gefürchteten Infektionen mit Antibiotika bekämpfen kann. Früher verliefen viele einfache Operationen erst einmal erfolgreich – der Arzt hatte geradegebogen, was geradegebogen werden musste –, aber danach starb der Patient an einer Infektion. Das ist heute ganz anders. Antibiotika haben der Medizin ein neues Gesicht gegeben.

Genetik

8. März 1865, Naturforscher-Verein, Brünn

Gregor Mendel verbeugt sich noch einmal vor dem Publikum. In dem Vortrag, den er eben gehalten hat, verbergen sich Erkenntnisse, die die ganze Auffassung von Biologie verändern könnten. Seine Nachforschungen, Entdeckungen und Schlussfolgerungen könnten die Vorstellungen vom menschlichen Leben in den Grundfesten erschüttern … wenn sich denn irgendjemand dafür interessieren würde! Die werten Gäste dachten allerdings, sie würden einen Vortrag über Pflanzen zu hören bekommen, und als Mendel ihnen stattdessen irgendetwas von Vererbungslehre erzählte, langweilten sie sich zu Tode und verstanden kein Wort. War seine jahrelange, gewissenhafte Arbeit völlig umsonst gewesen?

Die Zeitgenossen von Gregor Johann Mendel (1822–84) verstanden nicht, wie brillant er eigentlich war. Doch später – *viel* später! – interessierten sich plötzlich andere Forscher für seine Entdeckungen und heute bezweifelt niemand mehr, dass sie die Welt verändert haben. Mendel war Österreicher, der Sohn einer armen Bauernfamilie (aber dort, wo er aufwuchs, ist heute Tschechien). Später lebte er als Mönch in einem Augustinerkloster in Brünn (das liegt heute ebenfalls in Tschechien), das bereits als Stätte der Wissenschaft bekannt war. Nach seinem Studium an der Wiener Universität wollte Mendel eigentlich Lehrer werden, doch als das nicht klappte, kehrte er als Abt ins Kloster zurück. Und dort begann er mit seinen mühseligen Experimenten, die sich über viele Jahre hinzogen...

Erbsen, ihr Früchte des Himmels!

Zwischen 1856 und 1863 züchtete und kreuzte Mendel über 28000 verschiedene Erbsenpflanzen – und die schaute er sich ganz genau an. Er interessierte sich für ihre Größe, für die Farbe ihrer Blüten, für die Form ihrer Schoten und der Erbsen in den Schoten. Er kreuzte große Pflanzen mit kleinen Pflanzen, glatte Erbsen mit schrumpeligen Erbsen, weiße  Blüten mit violetten Blüten, gerade Schoten mit gebogenen Schoten. Alles, was man sich irgendwie vorstellen konnte, probierte er aus. Und als er die Nachkommen studierte, die bei diesen Kreuzungen herauskamen, machte er einige sehr wichtige Entdeckungen.

Große Pflanzen, kleine Pflanzen

Was für Entdeckungen? Am besten gucken wir uns das an einem Beispiel an: die Größe der Pflanzen. Wenn sich große Pflanzen mit anderen großen Pflanzen fortpflanzten, kamen nur große Nachkommen heraus. Und wenn sich kleine Pflanzen mit anderen kleinen Pflanzen fortpflanzten, kamen nur kleine Nachkommen heraus. So weit, so einfach. Aber wenn man diese Nach-

kommen, also die »reinerbigen« großen und die »reinerbigen« kleinen Pflanzen miteinander kreuzte, kamen *nur* große Pflanzen und *keine einzige* kleine Pflanze heraus! Als Nächstes kreuzte Mendel diese Pflanzen miteinander, also die großen Nachkommen der reinerbigen großen und kleinen Pflanzen, und machte eine weitere interessante Beobachtung: Obwohl alle Eltern groß waren, war jedes vierte Kind klein. Die großen Pflanzen hatten also in einem Verhältnis von drei zu eins (3:1) große *und* kleine Kinder bekommen. Aber warum?

Genpaare

Mendel vermutete, dass die Gene in den Pflanzen immer als Paar vorlagen (wobei er das Wort »Gen« noch gar nicht kannte). Eine reinerbige große Pflanze hatte daher nicht ein, sondern zwei »große« Gene, die für die Größe verantwortlich waren. Als Abkürzung sieht das so aus: GG. Entsprechend hatte eine reinerbige kleine Pflanze zwei »kleine« Gene: KK. Und Mendel überlegte weiter: Anscheinend gab jedes Elternteil nur *ein* Größen-Gen an die Nachkommen weiter, also ein G oder ein K. Kreuzte man jetzt GG (die reinerbige große Pflanze) und KK (die reinerbige kleine Pflanze), konnten sich die vier einzelnen Gene auf vier verschiedene Arten zusammensetzen, aber am Schluss kam immer dasselbe heraus: ein G und ein K. Und da alle Nachkommen groß waren, war das G-Gen offensichtlich stärker als das K-Gen und damit *dominant*. Aber wie konnte man erklären, dass jeder vierte Nachkomme der GK-Pflanzen klein war? Ganz einfach: Die Gene der Elternpflanzen konnten sich zu GG, GK, KG und KK zusammensetzen – und wenn kein dominantes G-Gen dabei war, sondern nur zwei K-Gene, musste die Pflanze wohl oder übel klein bleiben!

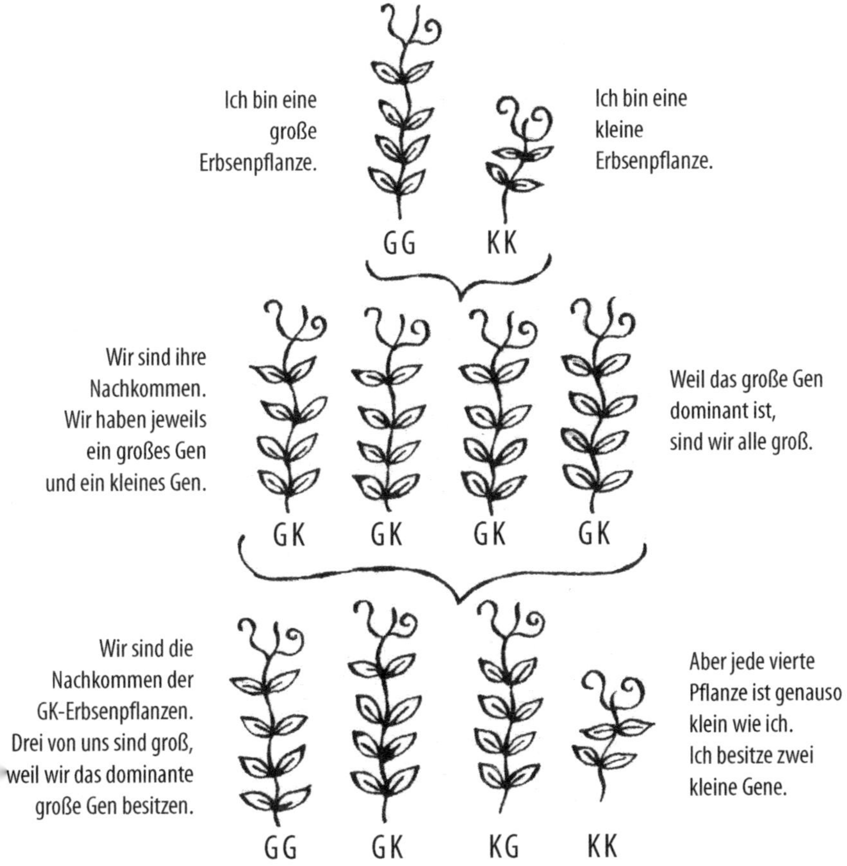

Ich bin eine große Erbsenpflanze.

Ich bin eine kleine Erbsenpflanze.

GG   KK

Wir sind ihre Nachkommen. Wir haben jeweils ein großes Gen und ein kleines Gen.

Weil das große Gen dominant ist, sind wir alle groß.

GK   GK   GK   GK

Wir sind die Nachkommen der GK-Erbsenpflanzen. Drei von uns sind groß, weil wir das dominante große Gen besitzen.

Aber jede vierte Pflanze ist genauso klein wie ich. Ich besitze zwei kleine Gene.

GG   GK   KG   KK

Rezessivität

Und was war nun das Tolle an Mendels Geistesblitz? Die entscheidende Erkenntnis war: Wenn man reinerbige große und kleine Pflanzen kreuzte, kamen auf den ersten Blick nur große Pflanzen heraus – die aber trotzdem das kleine, weniger dominante Gen in sich trugen! Dieses Gen trat erst wieder in Erscheinung, wenn die großen Pflanzen *selber Nachkommen hatten*: Jedes vierte Enkelkind ähnelte der kleinen Oma (oder dem kleinen Opa). Gene, die erst später wieder zum Vorschein kamen, nannte Mendel *rezessiv,* was in etwa »zurückgetreten« oder »versteckt« bedeutet. Mendel hatte also nicht nur herausgefunden, dass Gene für verschiedene Merkmale paarweise vorliegen und dass die Eltern jeweils eines der beiden Gene an ihre Nachkommen weitergeben, sondern auch noch dominante und rezessive Gene entdeckt. Und diese Gene gibt es nicht nur bei Pflanzen und Tieren, sondern auch bei dir und mir. Sie bestimmen zum Beispiel die Augenfarbe oder die Haarfarbe!

MEINE DNA
IST SCHULD

Zu schlau für diese Welt

Die mendelschen Regeln sind noch heute Grundlage der modernen Genforschung. Doch im Jahr 1866 war Mendel seiner Zeit leider hoffnungslos voraus: Die Leute verstanden ihn einfach nicht und für seine Schriften und Vorträge interessierten sie sich erst recht nicht. Was jedoch zum Teil seine eigene Schuld war, denn er erklärte seine Ideen nicht so einfach wie möglich, sondern mit vielen Zahlen und Statistiken. 1900 kapierten dann endlich einige Forscher seine Experimente, doch ihre wahre Bedeutung erkannte man erst viel später.

DNA

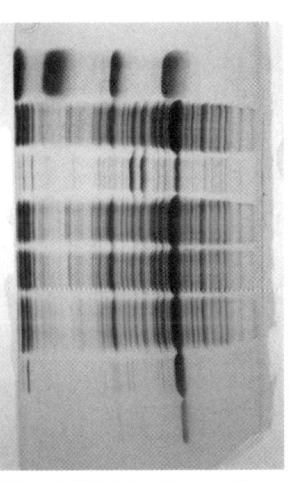

Heute wissen wir, dass der Kern einer menschlichen Zelle immer ein DNA-Molekül enthält. Die Abkürzung »DNA« steht für das englische Wort »deoxyribonucleic acid«, auf Deutsch »Desoxyribonukleinsäure«. (Deshalb gibt es in Deutschland auch die Abkürzung »DNS«.) Weil kaum jemand Lust hat, ständig diese ewig langen Wörter aufzusagen, sprechen selbst Wissenschaftler praktisch nur von »DNA« (oder eben von »DNS«). In der DNA schlummern die Gene, also die Bauanleitungen, die bestimmte Merkmale von den Eltern an die Kinder und Kindeskinder weitervererben – genau wie bei Mendels Erbsen. Schon 1869 begriffen die ersten Wissenschaftler, dass in unseren Zellen DNA herumschwirrt, doch sie hatten noch keine Ahnung, was diese DNA eigentlich macht und wie das Molekül genau aussieht.

Eine bildliche Darstellung menschlicher DNA

Die Bausteine des Lebens

In den 50er-Jahren kamen Wissenschaftler zu einer erstaunlichen Erkenntnis: Die DNA ist ein sehr kompliziertes Molekül, das aus viel einfacheren Molekülen besteht. Diese einfachen Moleküle sind die Bausteine des Lebens: Je nachdem, wie man sie zusammensetzt, entstehen verschiedene Arten von Leben. Alles, was lebt, beruht auf DNA: Pflanzen, Tiere, Menschen. Doch die Leute rätselten immer noch darüber, was für eine Form die DNA hatte. Außerdem wusste niemand, wie sie sich vervielfältigte, damit sie an die Nachkommen weitergegeben werden konnte.

Die Entdeckung der Doppelhelix

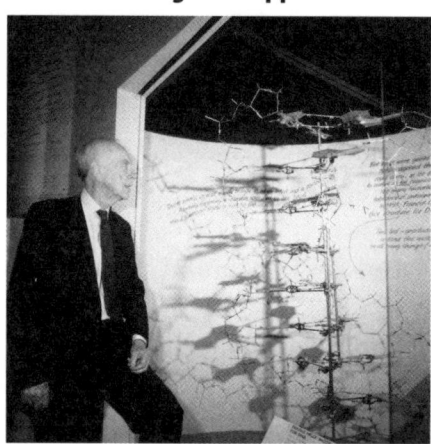

James Watson mit dem ursprünglichen DNA-Modell, 1994

Tatsächlich entspricht die Form eines DNA-Moleküls einer Doppelhelix. Eine Doppelhelix, hat mir einmal jemand erklärt, muss man sich wie eine Strickleiter vorstellen, die man zu einer Spirale verdreht hat. Diese Form kam bei Berechnungen heraus, die das britische Superhirn Francis Crick und sein amerikanischer Kollege James Watson 1953 anstellten. Dafür wurden sie weltberühmt, aber man darf nicht vergessen, dass sie auf Daten zurückgriffen, die zwei andere britische Wissenschaftler geliefert hatten: der Physiker Maurice Wilkins und die Kristallografin Rosalind Franklin. Rosalind Franklin war es gelungen, das erste und (damals) einzige Foto eines DNA-Moleküls anzufertigen, und dieses Foto wurde Crick und Watson vorgelegt, ohne dass Franklin davon wusste. Ob sie das gut gefunden hätte? Als Crick, Watson und Wilkins später mit dem Nobelpreis geehrt wurden, war Franklin traurigerweise schon an Krebs gestorben.

Gentechnik

Kaum hatten die Wissenschaftler die DNA durchschaut, fragten sie sich, was wohl passieren würde, wenn man die einzelnen Bausteine hin- und herschob. Die Gentechnik war geboren! Fummelt man an der DNA herum, versucht man, die Natur – egal ob Pflanzen oder Tiere – zu verändern, natürlich immer zum Wohl der Menschheit (heißt es zumindest). 1973 gelang es in den USA erstmals, an Genen herumzuspielen, aber besonders weit kam man damals noch nicht.

Das Klonschaf Dolly

Heute ist die Gentechnik in aller Munde und irgendwie ist sie auch schon Teil unseres Lebens. Unter anderem weil das Klonen, das früher nur in Science-Fiction-Romanen herumspukte, inzwischen Wirklichkeit ist:

Heute kann man aus einer einzigen Zelle eines Tiers
ein exakt gleiches, quicklebendiges Tier erschaffen. So
was wie »Eltern« braucht man dafür gar nicht mehr.
Das erste geklonte Säugetier überhaupt war das Schaf
Dolly, das der Welt 1997 vorgestellt wurde. Sein »Vater« Dr. Ian Wilmut hatte es in Schottland aus einer
einzigen Zelle eines erwachsenen Schafs geklont und
nach der Country-Sängerin Dolly Parton benannt.
Seitdem befürchtet man, dass eines Tages auch Menschen geklont werden könnten – die Klone würden
ihrer »Vorlage« gleichen wie ein Ei dem anderen –,
was in den Augen vieler Leute einfach falsch und un-
menschlich wäre.

Frankensteins Imbiss

Auch ein anderer Bereich der Gentechnik sorgt für
heftigen Streit: gentechnisch veränderte Pflanzen und
Lebensmittel. Glaubt man manchen Wissenschaftlern,
muss man die genetische Zusammensetzung bestimmter Pflanzen nur ein klein wenig verändern, um grö-

MAG ES FEUCHT

ßeres, nahrhafteres Obst und Gemüse zu erhalten, das außerdem weniger von Würmern und Insekten angeknabbert wird. Aber viele Leute wollen nicht, dass übermütige Wissenschaftler der Natur »ins Handwerk pfuschen«, und sind strikt gegen solche Manipulationen. Solche Wissenschaftler, sagen die Gegner, wären nicht besser als Dr. Frankenstein, nur dass sie kein

FLIEGT VOM BAUM

großes Monster, sondern viele kleine Monster erschaffen würden – genmanipulierte Pflanzen, die das Ökosystem und damit die gesamte Natur durcheinanderbringen könnten.

Der DNA-Abdruck

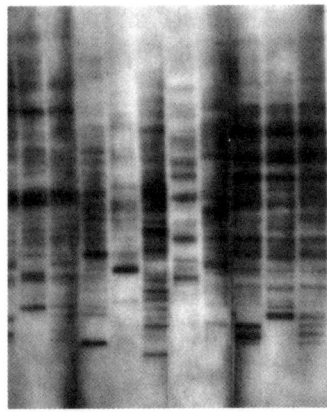

Der erste genetische Fingerabdruck, 1984

Mit dem »genetischen Fingerabdruck« gibt es seit den 80er-Jahren eine weitere aufregende Möglichkeit, die DNA zu nutzen: Jeder Mensch hinterlässt einzigartige Fingerabdrücke – und Fingerabdrücke, die am Schauplatz eines Verbrechens gefunden werden, kann man auf dem Polizeirevier mit den Fingerabdrücken von Verdächtigen ver-

gleichen. Genetische »Fingerabdrücke« sind eigentlich gar keine *Finger*abdrücke, aber sie erfüllen denselben Zweck: Findet man am Tatort einen angebissenen Apfel, kann man den Speichel an der Bissstelle auf DNA untersuchen und diese DNA mit anderen DNA-Proben vergleichen und – Bingo! – den Täter überführen. Doch nicht nur das! Heute entnimmt man sogar aus 3 000 Jahre alten Mumien DNA-Proben, um aufzudecken, wie die toten Pharaonen, Königinnen, Prinzen und Prinzessinnen, die über das alte Ägypten herrschten, miteinander verwandt waren!

Und was kommt als Nächstes?

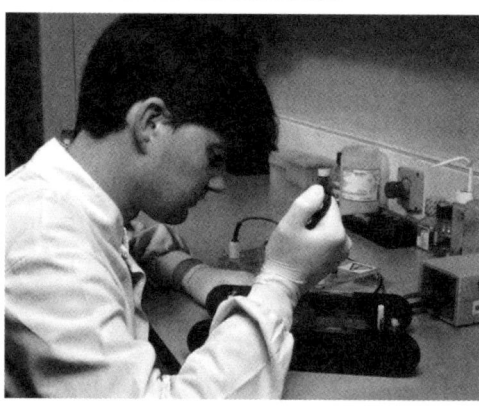
Ein Wissenschaftler beim Zerlegen von DNA

Manche Leute freuen sich auf die Zukunft der Gentechnik. Eines Tages, so glauben sie, wird es möglich sein, menschliche Organe zu klonen, um kranke oder zerstörte Organe zu ersetzen, ohne dass ein anderer Mensch dafür (zum Beispiel) ein Herz oder eine Leber spenden muss. Andere Leute befürchten, dass die Gentechnik zur *Eugenik* führen könnte – dass man Gene gezielt verändern könnte, um »perfekte«

Menschen zu erschaffen. Menschen auf Bestellung, die das gewünschte Geschlecht, die gewünschte Körpergröße, die gewünschte Augen- und Haarfarbe haben. Da wäre es doch besser, sagen sie, die Natur einfach machen zu lassen. Auf jeden Fall hat die Entdeckung der DNA einer ganz neuen, ungewissen und spannenden Zukunft Tür und Tor geöffnet.

Erfindungen

Das Telefon

10. März 1875, Boston, Massachusetts, USA

Alexander Graham Bell

Der schottische Erfinder Alexander Graham Bell ist zugleich müde und aufgeregt. Endlich kann er den Telefonapparat testen, an dem er seit Jahren arbeitet! In einem anderen Zimmer wartet sein Mitarbeiter Thomas Watson gespannt am Empfängertelefon, während Bell sich auf die Stunde der Wahrheit vorbereitet … doch plötzlich schlägt das Schicksal zu. Aus der Batterie, die Bells Gerätschaft mit Strom versorgt, tropft Säure auf seine Hose. Bell springt auf und ruft: »Mr Watson! Kommen Sie schnell! Ich brauche Sie!« Dabei merkt er nicht mal, dass er in die Sprechmuschel spricht – und soeben den ersten Telefonanruf der Welt getätigt hat!

Thomas Watson

Ein wahrer Marathonlauf

Schon immer haben sich die Menschen den Kopf darüber zerbrochen, wie sie miteinander in Verbindung bleiben können – und zwar über Entfernungen hinweg, bei denen Schreien und Brüllen nichts mehr hilft. Eine naheliegende Lösung war: Boten. Der Bote merkte sich eine wichtige Botschaft, rannte los und sagte sie vor dem Empfänger auf. Seit sich Lesen und Schreiben so richtig durchgesetzt hatten, konnte der Bote sogar schriftliche Botschaften mitnehmen. Im Jahr 490 vor Christus soll ein griechischer Bote, der meist Pheidippides genannt wird, ohne eine einzige Pause von der Ebene von Marathon bis nach Athen gelaufen sein. Das waren über 37 Kilometer, nur um vom Sieg der Athener über die Perser zu berichten! Danach war er so fertig, dass er auf der Stelle tot umfiel, was nun wirklich schade war. Zur Erinnerung an diese mörderische Leistung werden bis heute Marathonläufe veranstaltet, bei denen man sogar 42 Kilometer bewältigen muss.

Der Bote kann doch nichts dafür!

In früheren Zeiten lebten Boten auch aus anderen Gründen gefährlich: In manchen Ländern war man der Meinung, dass man Boten, die schlechte Nachrichten überbrachten, am besten gleich umbringen sollte. Schon irgendwie unfair, was? Die Boten machten doch nur ihre Arbeit! Die Armen konnten ja nichts dafür, dass es schlechte Nachrichten gab…

Da geht die Post ab

Die Boten rannten also mit ihren Botschaften von hier nach dort und wieder zurück, kreuz und quer... Da kann man sich vorstellen, wie sich daraus über Jahrtausende hinweg unsere heutige Post entwickelte. In England ernannte König Heinrich VIII. (der mit dem dicken Bauch und den sechs Ehefrauen) im Jahr 1516 erstmals einen Postmeister, der für die Poststationen zuständig war. Anfangs waren das meist Gasthöfe, wo der Wirt dafür sorgen musste, dass die Briefe an die nächste Poststation weitergeleitet wurden und immer so weiter bis ans Ziel. Aus den Poststationen wurden später Haltestellen für Postkutschen, an denen der Postkutscher Pause machen oder die Pferde wechseln konnte. Und noch viel später waren die ersten Postboten mit Fahrrädern, Lieferwagen, Zügen, Schiffen und sogar Flugzeugen unterwegs.

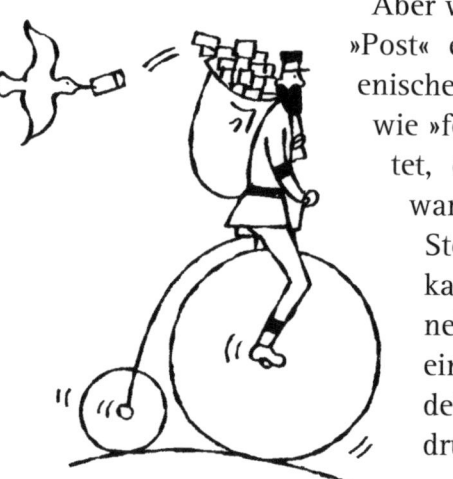

Aber woher kommt das Wort »Post« eigentlich? Vom italienischen »posta«, was so viel wie »festgelegter Ort« bedeutet, denn eine Poststation war ja immer an derselben Stelle. (Dieses Wissen kannst du übrigens mal nebenbei ins Gespräch einfließen lassen, um deine Freunde zu beeindrucken.)

Endlich Gerechtigkeit

Erst 1840 beschloss man in Großbritannien, dass ein Brief immer dasselbe kosten sollte, egal wohin man ihn auf den Britischen Inseln verschickte. Davor galt das Motto »Je weiter der Weg, desto höher der Preis« – was wirklich Pech war, wenn man in Cornwall wohnte und eine Oma weit oben in Schottland hatte. Gleichzeitig wurde die erste selbstklebende Briefmarke der Welt ausgegeben: die Penny Black. Wie der Name schon sagt, war die Penny Black schwarz (mit Königin Victorias weißem Kopf drauf) und kostete genau einen Penny der alten Währung.

Rauch statt Schall

Aber es gab noch andere Möglichkeiten, sich zu unterhalten, wenn man sich nicht von Angesicht zu Angesicht gegenüberstand. Findige Köpfe kamen schon früh darauf, dass man dazu auch Feuer und Rauchzeichen benutzen konnte. 1588 wurde an der britischen Küste eine Reihe von Leuchtfeuern entzündet, um vor der anrückenden spanischen Armada zu warnen: Wurden spanische Schiffe gesichtet, schlug man Alarm und entfachte ein erstes Leuchtfeuer. Am nächsten Leuchtfeuer standen Späher, die das Feuer brennen sahen und ihr eigenes Feuer ansteckten. Und so weiter und so fort. Rauchzeichen, wie sie bekanntlich hauptsächlich von

Indianerstämmen verwendet wurden, konnten sogar für kompliziertere Nachrichten herhalten. Verschiedene Rauchwölkchen standen für verschiedene Dinge, sodass der Empfänger die unterschiedlichen Bedeutungen erst einmal »lesen« lernen musste. Wofür ein brennendes Leuchtfeuer stand, musste man genauso vereinbaren. Aber meistens war es klar: »Der Feind naht!«

Flagge zeigen

Zwischen verschiedenen Schiffen oder zwischen Schiffen und dem Festland unterhielt man sich früher gerne auch mal per Flagge. Schiffe hissten die Flagge ihres Heimatlands, um den anderen zu zeigen, ob sie es mit Freund oder Feind zu tun hatten. Und was eine Flagge mit Totenschädel und zwei gekreuzten Knochen bedeutet, wissen wir alle... Daneben gab es kleinere Signalflaggen, die unter anderem von Flaggschiffen in Seeschlachten aufgezogen wurden. Die anderen guckten dann durchs Fernrohr und konnten an den Flaggen die aktuellen Befehle ablesen. In der Seeschlacht von Kopenhagen kam es dadurch zu einem berühmten Zwischenfall: Admiral Horatio Nelson kriegte mit, dass das Flaggschiff den Rückzug angeordnet hatte. Er wollte aber lieber weiterkämpfen und deshalb hielt er sich das Fernrohr (angeblich) an sein blindes Auge und sagte: »Ich kann das Signal wirklich nicht erkennen.« Das war ausgesprochen frech, aber da Nelson ein guter Kerl und noch dazu ein waschechter Held war, hat die Geschichtsschreibung entschieden, dass das schon in Ordnung ging. Heute werden Flaggen eher in friedlichen »Schlachten« verwendet: Der Sieger eines Formel-1-Rennens wird mit einer schachbrettartigen Fahne durchgewinkt und bei Fußballspielen reißt der Linienrichter die Fahne hoch, um den Schiri auf sich aufmerksam zu machen.

Flaggen über Flaggen

Aber es gibt auch ein viel kniffligeres System, um Nachrichten mit Flaggen kundzutun: das sogenannte Winkeralphabet. Dabei werden die einzelnen Buchstaben einer Nachricht durch Fahnen nachgebildet – genauer gesagt durch zwei Fahnen, die in verschiedenen Stellungen gehalten werden. Praktischerweise wurden auch Abkürzungen entwickelt: Wenn man in großen Schwierigkeiten steckt und Hilfe braucht, reicht es, ein »SOS« zu winken. Dass SOS für »Save Our Souls« (also für »Rettet unsere Seelen«) stehen könnte, hat man sich übrigens erst später ausgedacht.

Der Draht, mit dem alles anfing

Doch ein altes Problem lösten diese ganzen eindrucksvollen Erfindungen nicht: dass es unglaublich lange dauerte, Botschaften über wirklich große Entfernungen

zu übermitteln. Das sollte sich erst mit der Erfindung des Telegrafen ändern, der ein codiertes elektrisches Signal über einen Draht verschickte. (Das Signal war nicht codiert, damit es nicht von den falschen Leuten abgehört wurde, sondern weil man damals glaubte, dass man die menschliche Stimme niemals durch einen Draht quetschen könnte. Deshalb wandelte man die Botschaft in einen Code um.) Eine Menge Leute werkelte unabhängig voneinander am Telegrafen, bis schließlich die ersten Telegrafenleitungen gezogen wurden: 1843 zwischen Paddington und Slough in England, 1844 zwischen Washington D.C. und Baltimore, Maryland, in den USA. In Deutschland verlief die erste richtige Telegrafenleitung zwischen Bremen und Bremerhaven. Doch der wahre »Vater« des Telegrafen war der amerikanische Erfinder Samuel Morse – ohne ihn wäre der Telegraf nicht halb so nützlich gewesen.

Punktgenau

Morse erfand den Morsecode. (Hätte er nicht Samuel Morse, sondern Samuel Kabeljau geheißen, würde man bestimmt vom »Kabeljaucode« sprechen.) Für den Telegrafen war der Morsecode ungefähr so wichtig wie die Software für moderne Computer, denn

Morsetaste zum Eintippen von Botschaften

erst dadurch konnte man Nachrichten so richtig praktisch übermitteln. Morse setzte sein Alphabet nicht aus

MORSE ALPHABET.

(INTERNATIONAL MORSE.)

Letters.

e	▪	f	▪ ▪ ▬ ▪
t	▬	l	▪ ▬ ▪ ▪
i	▪ ▪	p	▪ ▬ ▬ ▪
a	▪ ▬	j	▪ ▬ ▬ ▬
n	▬ ▪	b	▬ ▪ ▪ ▪
m	▬ ▬	x	▬ ▪ ▪ ▬
s	▪ ▪ ▪	c	▬ ▪ ▬ ▪
u	▪ ▪ ▬	y	▬ ▪ ▬ ▬
r	▪ ▬ ▪	z	▬ ▬ ▪ ▪
w	▪ ▬ ▬	q	▬ ▬ ▪ ▬
d	▬ ▪ ▪	ä	▪ ▬ ▪ ▬
k	▬ ▪ ▬	ö	▬ ▬ ▬ ▪
g	▬ ▬ ▪	ü	▪ ▪ ▬ ▬
o	▬ ▬ ▬	ch	▬ ▬ ▬ ▬
h	▪ ▪ ▪ ▪	é	▪ ▪ ▬ ▪ ▪
v	▪ ▪ ▪ ▬		

Numbers.

1	▪ ▬ ▬ ▬ ▬	6	▬ ▪ ▪ ▪ ▪
2	▪ ▪ ▬ ▬ ▬	7	▬ ▬ ▪ ▪ ▪
3	▪ ▪ ▪ ▬ ▬	8	▬ ▬ ▬ ▪ ▪
4	▪ ▪ ▪ ▪ ▬	9	▬ ▬ ▬ ▬ ▪
5	▪ ▪ ▪ ▪ ▪	0	▬ ▬ ▬ ▬ ▬

Stops and Signs.

Period, or full-stop	▪ ▪ ▪ ▪ ▪ ▪	Hyphen	▬ ▪ ▪ ▪ ▪ ▬
Repeat, or interrogation	▪ ▪ ▬ ▬ ▪ ▪	Dash	▬ ▬ ▬ ▬ ▬ ▬
		Apostrophe	▪ ▬ ▬ ▬ ▬ ▪
		Parenthesis	▬ ▪ ▬ ▬ ▪ ▬

Das Morse-Alphabet (internationaler Morsecode)

Flaggen, sondern aus elektrischen Punkten und Stri-
chen zusammen. Und so sieht ein SOS im Morsecode
aus: drei Mal kurz getippt (= drei »Punkte«) für das
S, dann drei lange »Striche« für das O, dann wieder
drei kurze »Punkte« für das zweite S. Die Punkte und
Striche wurden vom Sender in den Telegrafen getippt
und elektrisch durch die Leitung gejagt, bis sie in den
Kopfhörern des Empfängers ankamen. (Es gab – und
gibt! – sogar Wettbewerbe, bei denen die Leute um
die Wette morsten.) Die erste Morsecode-Nachricht der
Welt wurde am 24. Mai 1844 von Mr Morse persönlich
verschickt und lautete: »Was hat Gott getan?« Das war
furchtbar ernst, aber es war ja auch eine ernste Angelegenheit. Das muss man sich mal vorstellen: Der Pony
Express hätte zehn Tage gebraucht, um eine Nachricht
von Missouri nach Kalifornien zu bringen – mit dem
Telegrafen kam sie blitzschnell an. *Zzzzzzzipp!,* und
schon war sie da!

Eine Revolution klingelt durch

Auch Alexander Graham Bell (1847–1922) experimentierte mit einem Telegrafen, als ihm die Idee für das
Telefon kam – für ein Gerät, das Sprache in elektrische
Energie umwandeln und über weite Strecken verschicken konnte. Eigentlich war Bell Schotte, doch er sie-
delte zuerst nach Kanada und 1871 in die USA über,
wo er später auch Staatsbürger wurde. Weil ihn die
menschliche Stimme faszinierte, gründete er 1875 in
Boston, Massachusetts, eine Schule für Taubstumme

und arbeitete als Sprachlehrer. (Wie das Telefon genau funktioniert, schauen wir uns später an.) Bell erfand übrigens nicht nur das Telefon – 1876 entwickelte er auch das erste elektrische Hörgerät.

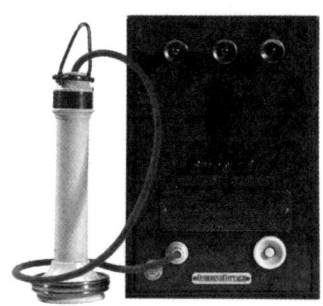

Ein frühes Bell-Telefon, 1877

Gerichtliche Rangeleien

Ein paar Stunden, nachdem Bell ein Patent auf das Telefon angemeldet hatte, ereilte ihn eine unangenehme

Eine frühe Werbeanzeige für Telefone

Überraschung: Ein anderer Erfinder namens Elisha Gray behauptete, er hätte das Telefon schon vor ihm entwickelt, sodass Bell kein Recht auf das Patent hätte. Auch andere Erfinder wollten früher dran gewesen sein, aber vor Gericht konnte das keiner von ihnen beweisen! Der arme Bell musste sein Patent über sechshundert Mal verteidigen, bis der Oberste Gerichtshof der USA ein für alle Mal feststellte, dass Alexander Graham Bell und kein anderer das Telefon erfunden hatte.

Die Telefonrevolution

Heute sieht man auf den ersten Blick, wie das Telefon die Welt verändert hat. Zwei Menschen auf unterschiedlichen Seiten der Erdkugel können sich völlig problemlos und ganz ohne Pieptöne, Punkte, Striche, Blinklichter und Flaggen miteinander unterhalten. Was früher Monate gedauert hat, ist jetzt in Sekundenschnelle erledigt. Über eine Telefonleitung kann man sogar faxen – das Fax (kurz für Faksimile), eine Kopie des Originalschreibens, wird von der empfangenden Faxmaschine ausgedruckt oder erscheint auf dem Computerbildschirm. Ein Modem, das an einem modernen Computer hängt, wandelt die digitalen Bits des Computers in Töne um, die als codiertes elektrisches Signal verschickt werden. Dieses Signal wird von einem anderen Modem entschlüsselt und – Tadaaa! – die E-Mail ist da und auch alles andere, was das Internet so zu bieten hat (und das auch noch häufig drahtlos). Und dann gibt es ja auch noch die Handys, und zwar weltweit mittlerweile über 800 Millionen Stück! Damit kann man jederzeit und überall nicht nur telefonieren, sondern auch Mails verschicken, im Netz surfen, Videos gucken, Spiele spielen, Musik hören, Fotos knipsen ... Das Telefon hat sich seinen Platz in diesem Buch also redlich verdient!

Tonaufzeichnungen

Dezember 1877, Menlo Park, US-Bundesstaat New York, USA

Thomas Edison, der berühmte Schöpfer zahlreicher Erfindungen, nimmt vor einer seltsamen Apparatur Platz, die er »Phonograph« nennt. Edison hat den Phonographen entworfen, sein Kollege John Kruesi hat ihn gebaut und nun wird Edison einen weiteren frühen Testlauf starten. Er bringt die Lippen ganz nah an das Mundstück und sagt einen Kinderreim auf: »Mary hatte ein kleines Lamm.« Danach lässt er die Worte von der Maschine abspielen.

Thomas Edison

Tatsächlich: Es ist ihm gelungen, die menschliche Stimme aufzuzeichnen!

Für immer verloren

Vor der Erfindung der Schrift konnten Geschichten und Lieder nur durch mündliche Erzählungen oder Gesang weitergegeben werden. Man hörte etwas, merkte es sich so gut wie möglich und wiederholte es vor einem anderen. Aber natürlich konnte man es nie *genau so* wiederholen, wie man es gehört hatte. Als

die Schrift dann endlich erfunden war, konnte man ein Lied oder eine Geschichte aufschreiben und später Note für Note, Wort für Wort ablesen. Aber trotzdem konnte man ein Lied nie *genau so* singen und eine Geschichte nie *genau so* vorlesen wie zuvor. Dieser eine Moment, in dem gesungen oder gesprochen worden war, war für immer verloren. Auch Musikinstrumente hören sich unterschiedlich an, je nachdem wer darauf spielt. Ja, selbst wenn dieselben Musiker dasselbe Lied spielen, klingt es nie genau gleich...

Das Zauberklavier

In den 90er-Jahren des 19. Jahrhunderts tauchte eine geniale Erfindung auf: das Pianola, ein mechanisches Klavier, das Klavierstücke *auf sich selbst* spielte. Der Zuhörer konnte sich gemütlich zurücklehnen und der Musik lauschen, die aus dem Pianola drang, und dabei bewegten sich die Tasten auch noch, als säße ein unsichtbarer Pianist auf dem Klavierhocker! In Wirklichkeit drückte ein Blasebalg im Inneren des Pianolas die Tasten herunter. Welche Tasten betätigt wurden, wurde dabei durch große, durchlöcherte Papierrollen gesteuert: Beim Abspulen der Rolle blies die Luft durch die exakt angeordneten kleinen Löcher auf die richtigen Tasten. Legte man eine andere Rolle ein, pustete die Luft durch andere Löcher, spielte andere Noten und damit ein anderes Lied. Wenn das keine Magie war!

Good Vibrations

Töne und Geräusche sind nichts anderes als Schwingungen. Telefonierst du mit einem Freund, bringst du eine Membran (eine kleine, kreisförmige, sehr dünne Scheibe) in der Sprechmuschel zum Schwingen. Diese Schwingungen verändern das Magnetfeld eines Magneten und werden so in elektrische Signale umgewandelt, die durch die Telefonleitung zum Telefon deines Freundes wandern, wo sie ebenfalls ein Magnetfeld verändern. Dadurch wird eine Membran im Hörer in die ursprünglichen Schwingungen versetzt und dein Freund hört deine Stimme. Und das alles geht in Sekundenbruchteilen vonstatten! Eine teuflisch einfache und teuflisch clevere Idee, was?

Edison macht sich ans Werk

Alexander Graham Bell hatte zwar schon 1875 den ersten Telefonanruf getätigt, doch 1877 versuchte Thomas Edison (1847–1931), ein »verbessertes« Telefon zu basteln. Beim An-

HALLOOO!

blick einer schwingenden Membran fragte er sich, ob es nicht irgendwie möglich sei, diese Schwingungen aufzuzeichnen. Um seine Idee in die Tat umzusetzen, befestigte er zunächst eine Nadel an der Membran. Wenn er die Membran durch Sprechen zum Schwingen brachte, bewegte sich die Nadel hoch und hinunter und hinterließ dabei winzige Abdrücke auf einem Stück Papier.

Bei einem ersten Test sagte Edison »Halloo!« – und erhielt dadurch ein Stück Papier mit den entsprechenden Abdrücken drauf. Danach zog er das Papier unter der Nadel hindurch, sodass die Nadel hoch- und hinunterhüpfte und die Membran zum Schwingen brachte. Er spielte den aufgezeichneten Ton ab, indem er die Aufzeichnungstechnik ganz einfach umkehrte! Edison gab gerne zu, dass man schon eine »beträchtliche Fantasie« brauchte, um das ursprüngliche »Halloo!« herauszuhören, aber *irgendetwas* war da auf jeden Fall zu hören. Und er wusste, dass er einer großen Sache auf der Spur war.

Das erste Aufnahmegerät

Man erzählte sich, dass auch andere Erfinder an Gerätschaften zum Aufnehmen von Tönen arbeiteten. Edison musste sich also sputen! Beim Herumtüfteln am ersten Phonographen kam er zu dem Schluss, dass die Nadel nicht Papier, sondern eine Metallfolie auf einem rotierenden Zylinder eindrücken sollte. Dadurch müssten sich die Abdrücke hinterher viel klarer ablesen lassen. Und es klappte! Bald ersetzte man den Zylinder mit der Metallfolie durch eine Wachswalze und der Phonograph verkaufte sich in aller Welt.

Eine runde Sache

Das erste Gerät, das keine Walzen, sondern flache Scheiben bespielte und abspielte, wurde 1887 von Emile Berliner entwickelt. (Später begegnen wir ihm noch einmal bei der Arbeit an einem Hubschrauber. Mr Berliner war eben ein äußerst vielseitiger Ingenieur und Erfinder!) Bei Berliners Grammofon fuhr eine Nadel, die an einer Membran befestigt war, die winzigen Beulen und Dellen in den Rillen einer Schallplatte ab. Die schwingende Membran befand sich an der Mündung einer Metallröhre und so drang der Ton schön laut aus dem trompetenförmigen Lautsprecher. Damit die Nadel brav den Rillen folgte, legte man die Platte auf eine Drehscheibe zum Aufziehen – und schon war der erste echte Plattenspieler fertig, der auch noch ganz ohne Strom auskam! 1912 stieg schließlich auch Edison von Walzen auf Platten um.

Berliner Grammofon, 1890

Eine Wissenschaft für sich

Die ersten Schallplatten nannte man auch 78er, weil sie sich 78 Mal in der Minute drehen mussten, damit die Aufnahme in der richtigen Geschwindigkeit abgespielt wurde. Obwohl 78er sehr zerbrechlich und schwer waren, blieben sie bis in die 50er-Jahre des

Eine Vinyl-Langspielplatte der Beatles, 1967

letzten Jahrhunderts hinein in Mode. Erst dann setzten
sich die Langspielplatten (auch LPs genannt) durch,
die aus Vinyl bestanden und viel langsamer kreisten
(exakt 33,33 Mal in der Minute). Die allerersten LPs
wurden aber schon 1948 veröffentlicht. Später kamen
die »Singles« auf den Markt, kleinere Schallplatten,
die meist nur einen Song pro Seite zu bieten hatten
und mit 45 Umdrehun-
gen in der Minute liefen.
Zu dieser Zeit ließen die
Plattenspieler die Schei-
ben auch schon elekt-
risch rotieren und auch
der Ton wurde elektrisch
verstärkt.

*Grammofon mit
Hund, um 1900*

Die ersten Bands auf Band

Der nächste Riesenschritt in die Zukunft der Tonaufnahme war das Tonbandgerät. Dabei wird der Ton in elektrische Signale umgewandelt und als magnetisches Muster auf einem dünnen Plastikband aufgezeichnet, das mit magnetisierbarem Eisenoxid beschichtet ist. In einem Tonbandgerät befindet sich ein »Aufnahmekopf«, der einen magnetischen Abdruck auf dem Band hinterlässt. Das Abspielen funktioniert dann genauso: Wenn das Band am »Hörkopf« vorbeikommt, wird der magnetische Abdruck wieder in ein elektrisches Signal umgewandelt, das verstärkt und als Ton wiedergegeben wird. Das Tolle daran ist, dass man solche Bänder immer wieder neu bespielen kann, was bei Platten nicht möglich war. Außerdem gehen Bänder nicht gleich kaputt, wenn man sie mal fallen lässt! Das erste Tonbandgerät der Welt, das Telegraphon, wurde 1898 vom Dänen Valdemar Poulsen erfunden.

Je kleiner, desto besser

Jahrelang kannte man Tonbandgeräte nur als große, klobige Maschinen, die ein Band von einer Rolle auf die andere spulten, doch in den 60er-Jahren wurde der

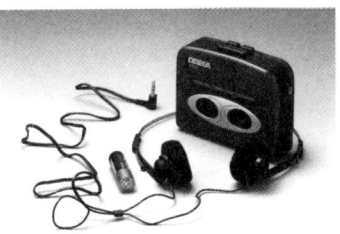

Ein Walkman, ca. 1998

viel handlichere Kassettenrekorder entwickelt. Die dazugehörigen Bänder befanden sich in kleinen, abgeschlossenen Kassetten mit zwei winzigen eingebauten Spulen. Und Ende der 70er kam der Walkman auf den Markt, ein tragbares Abspielgerät für Kassetten, das kaum größer war als die Kassetten selbst!

Es wird immer kompakter

In den 80er-Jahren führten die Elektronikriesen Sony und Philips dann die Compact Disc (kurz: CD) ein, die mit einer ganz neuen, umwerfend guten Tonqualität auftrumpfte. Die Technik von Plattenspielern beruht auf Mechanik, die von Kassettenrekordern auf Magnetismus, aber CDs speichern Ton auf optische Weise. Dieser technologische Durchbruch hatte drei große Vorteile: Plötzlich konnte man einen ganzen Haufen Musikstücke auf eine einzige kleine Scheibe quetschen, die Tonqualität ist *Spitzenklasse,* und das Ding, das die CD »liest«, berührt sie dabei nicht mal. Schallplatten werden nach und nach von der Nadel abgenutzt, Tonbänder von den beiden »Köpfen«, doch eine CD wird nur vom Licht angetastet.

Lasertechnik

Und wie ist der Ton auf der CD untergebracht? Digital. Im Klartext heißt das, dass der Ton bei der Aufnahme in einen digitalen Code umgewandelt wird, der nur aus Nullen und Einsen besteht. Um diesen Code auf die Disk zu übertragen, wird die lichtempfindliche Unterseite der Scheibe dem Licht eines Lasers ausgesetzt. Der Laser brennt die digitale Information, also die Nullen und Einsen, auf die rotierende Disk. Danach tunkt man die Scheibe in eine Chemikalie, die in jene Stellen, die vom Laser berührt wurden, Flächen und Vertiefungen (Gruben) einätzt, die dem digital codierten Ton entsprechen. Ganz schön ausgefuchst, was?

Eine CD abspielen

Ein CD-Player entziffert den Ton nicht wie ein Plattenspieler mit einer Nadel, sondern mit einem Laser, dessen Licht von der CD gespiegelt wird. Trifft das Licht auf eine Fläche, heißt das: Da ist eine Null. Trifft es auf eine Vertiefung, heißt das: Da ist eine Eins. So liest der CD-Player den Code und wandelt ihn in elektrische Signale um, die dann verstärkt und als Musik wiedergegeben werden.

MP3-Player und iPods

Noch vor ein paar Jahren wären uns iPods und andere MP3-Player wie irre Zukunftsmusik vorgekommen. Kleine, tragbare Aufnahme- und Abspielgeräte, auf

denen man buchstäblich Tausende von Songs unter-
bringen kann? Unmöglich! Und die Dinger sind wirklich *klein* – die meisten sind kleiner als ein Karten-
spiel, viele sind flacher als eine CD-Hülle und manche
verstecken sich sogar in Handys. Ein MP3-Player besteht immer aus drei grundlegenden Teilen: einer Festplatte, auf der die Lieder in Form von digitalen Daten
gespeichert sind; einer Platine, die die digitalen Daten
in Töne übersetzt; und einer Batterie, die das Ganze
mit Strom versorgt. Unterwegs kann man mit Kopfhörern Musik hören, zu Hause stellt man den MP3-Player
ins »Dock« und die Musik lädt man direkt aus dem Internet auf das Gerät herunter. In vielen Charts und Hit-
paraden werden solche Downloads bereits berücksich-
tigt, auch wenn die normalen CD-Verkäufe (noch) in
der Überzahl sind. Seit Thomas Edison »Mary hatte ein
kleines Lamm« auf einen rotierenden Metallfolienzy-
linder gesprochen hat, hat sich also so einiges getan...

Fotografie

1839, Lacock Abbey, Wiltshire, England

In seiner Dunkelkammer schreibt Fox Talbot mal wieder Geschichte. Vielleicht ist er nicht der Erste, der ein Foto entwickelt, aber diese Methode – *seine* Methode – wendet er als Allererster an. Und zwar mit bemerkenswerten Ergebnissen. Ein zufriedenes Lächeln legt sich auf seine Lippen, als sich die Fotografie vor seinen Augen herausbildet wie eine Geistererscheinung. Eines Tages, denkt er, wird jeder Fotos machen können ... eines Tages ...

Fox Talbot (rechts) vor dem Reading Photographic Establishment, ca. 1848

Wie von Geisterhand

Die Camera obscura war eine sehr frühe Kamera... und häufig war sie nebenbei auch noch ein Häuschen. Ein (helles) Bild des Ausblicks aus dem Haus fiel durch eine konvexe Linse auf eine glatte Oberfläche im (dunklen) Inneren. Der Effekt war unglaublich! Man stand im Dunkeln und sah bewegte Bilder der Außenwelt vorüberziehen! Maler benutzten die projizierten Bilder auch als Vorlage für ihre Werke, sodass die Camera obscura schon vor dem Zeitalter der eigentlichen Fotografie für lebensechte Bilder sorgte. Das Wort »Kamera« kommt übrigens vom griechischen »kamara«, das »Gewölbe« bedeutet – das Gewölbe, die Dunkelkammer der Camera obscura.

Eine Camera obscura, 1657

Bescheidene Anfänge

Schon im 18. Jahrhundert fand man heraus, dass bestimmte Silberverbindungen lichtempfindlich sind und sich daher unter günstigen Umständen zu einem fotografischen Bild verfärben können. Das machten sich die britischen Wissenschaftler Sir Humphry Davy und Thomas Wedgwood zunutze: Sie experimentierten mit Papier, das sie mit einer Schicht Silberchlorid überzogen hatten. Und es gelang ihnen tatsächlich, einfache Bilder zu erzeugen, etwa von Umrissen von Blättern oder von Menschen im Profil (also von der Seite). Aber das waren noch keine richtigen, bleibenden Fotografien – sobald Tageslicht auf das Papier fiel, wurde es pechschwarz und das Bild war für immer verloren.

Formidable Fortschritte

Die ersten richtigen Fotografien wurden erst im 19. Jahrhundert geschossen und entwickelt, genauer gesagt im Jahr 1822, als der französische Physiker Joseph Nicéphore Niépce mit Silberchlorid experimentierte. Um 1829 herum stieß der ebenfalls französische Maler Louis Daguerre zu ihm und 1839 schuf Daguerre die ersten Fotografien auf Silberplatten,

Joseph Nicéphore Niépce

die er mit lichtempfindlichem Silberjodid beschichtet hatte. Diese Platten wurden dem Motiv, das fotogra-

fiert werden sollte, einige Minuten lang ausgesetzt und hinterher mit Quecksilber bedampft, um ein Positiv zu entwickeln (also ein Foto, auf dem Schwarz und Weiß richtig herum verteilt waren; dazu später mehr). Zunächst wurden auch diese Bilder mit der Zeit schwarz, doch dann erkannte Daguerre, dass man sie »fixieren« (haltbar machen) konnte, indem man die Platten mit einer Salzlösung überzog. (Denn danach war das Silberjodid nicht mehr lichtempfindlich.) Dieses »Fixieren« war ursprünglich vom britischen Erfinder William Henry Fox Talbot (1800–77) erdacht worden, der in England an einem eigenen fotografischen Verfahren werkelte. Ach ja, früher waren natürlich alle Fotos schwarz-weiß!

Eine kastenförmige Camera obscura aus dem frühen 19. Jahrhundert

Sensation!

1839 eröffnete Daguerre in Paris eine Ausstellung mit seinen Fotografien, die er als Daguerrotypien bezeichnete. (Dreimal darfst du raten, wie er auf diesen Zungenbrecher gekommen war!) Tausende strömten herbei, um einen Blick auf die magischen Bilder zu werfen. Das einzige Problem war, dass man die Silberplatten nicht vervielfältigen konnte – jedes Bild gab es nur exakt ein Mal. Trotzdem eröffneten überall erste Fotografen ihre Studios, wo sie Porträt-Daguerrotypien der begeisterten Kundschaft knipsten.

Eine negative Verbesserung

Schon im selben Jahr, 1839, vollendete Fox Talbot ein viel praktischeres fotografisches Verfahren. Daguerres Platten waren Positive: Was auf dem fotografierten Motiv dunkel war, war auch auf der Silberplatte dunkel, was hell war, war hell. Die Platte selbst war also bereits das fertige Foto. Bei Fox Talbot war die Platte ein Negativ: Schwarz und Weiß waren umgedreht, hell war dunkel, dunkel war hell. Beleuchtete er ein lichtempfindliches Papier durch dieses Negativ hindurch, drang Licht durch die hellen Stellen und färbte die entsprechenden Stellen auf dem Papier dunkel, während die dunklen

Stellen das Licht verdeckten, sodass das Papier an den entsprechenden Stellen hell blieb. So erhielt man ein Positiv, in dem Hell und Dunkel lebensecht verteilt waren. Und während Daguerres Positiv-Platten nicht vervielfältigt werden konnten, konnte man mit Fox Talbots Negativen haufenweise Kopien ein und desselben Bilds herstellen. Und wie nannte Fox Talbot seine Fotografien? Na – Talbotypien natürlich!

... und noch mehr Tüftler!

Doch es gab noch mehr findige Fotografen, zum Beispiel den französischen Physiker Claude Félix Abel Niépce de Saint-Victor. (Nach dem Monsternamen darfst du kurz durchatmen.) 1847 gelang es ihm, Negative auf Glasplatten anzufertigen, mit denen man viel schärfere, sauberere Bilder erstellen konnte als mit Fox Talbots körnigen Papiernegativen. Der Nachteil war jedoch, dass die Bilder deutlich länger belichtet werden mussten. Das heißt, der Verschluss der Kamera musste länger geöffnet bleiben, damit mehr Licht auf die Platte gelangte – und so lange durfte das Fotomodell nicht herumzappeln!

Fotolabors to go

Mit der Zeit experimentierte man sowohl mit feuchten als auch mit trockenen fotografischen Platten. Blöderweise mussten feuchte Fotoplatten belichtet *und* entwickelt werden, solange sie noch feucht waren. Im Klartext: Man musste sie *auf der Stelle* entwickeln, und da Fotografien nur in absoluter Dunkelheit entwickelt werden können, musste die nächste Dunkelkammer immer ganz in der Nähe sein. Quasi gleich um die Ecke. Also was tun, wenn man als Fotograf mitten in der Pampa arbeitete (zum Beispiel auf einem Schlachtfeld im Amerikanischen Bürgerkrieg)? Man nahm die Dunkelkammer kurzerhand mit! Fahrbare, von Pferden gezogene Dunkelkammern waren groß in Mode. Glücklicherweise erfand der britische Fotograf Charles Bennett 1878 die trockene Fotoplatte, die mit einer speziellen Emulsion aus Gelatine und Silberbromid beschichtet war – und die kann man auch noch später entwickeln. Ganz ähnliche Platten werden noch heute verwendet.

Der fantastische Mr Muybridge

Eine der seltsamsten Persönlichkeiten, die in der Frühzeit der Fotografie mitmischte, war Eadweard Muybridge. (Eigentlich hieß er Edward Muggeridge, aber dieser Name war ihm einfach zu gewöhnlich!) Die Fotografie half ihm vor allem bei einem außergewöhnlichen Auftrag weiter: Ein Pferdezüchter versprach ihm 25 000 Dollar, wenn er beweisen konnte, dass ein Pferd im vollen Galopp zeitweise mit allen vier Beinen vom Boden abhob. (Mit bloßem Auge konnte man das nicht erkennen, dafür war das Pferd zu schnell.) Muybridge versuchte, das Problem mit einer Serie von Fotografien zu lösen: Er kleidete eine Seite der Rennstrecke mit weißem Papier aus (damit er einen sauberen Hinter-

*Zeitversetzte Fotografien eines Reiters auf einem
galoppierenden Pferd*

grund hatte), auf der anderen Seite reihte er eine Menge Kameras auf. Zum Schluss spannte er Schnüre über
die Bahn, die vom rennenden Pferd zerrissen wurden
und die Kameras dadurch im exakt richtigen Moment
auslösten. 1878 hatte er es geschafft: Auf einer Abfol-
ge von Fotos war ein galoppierendes Pferd zu sehen
und auf einem der Bilder berührte tatsächlich kein Huf
den Boden. Auf Seite 122 erfahren wir noch mehr über
den unglaublichen Mr Muybridge.

Eine Revolution kommt ins Rollen

Der wirklich entscheidende Durchbruch, der die Fotografie der breiten Masse zugänglich machte, war jedoch eine Erfindung des Amerikaners George Eastman aus dem Jahr 1884: der Rollfilm. Jetzt braucht man nicht mehr nach jedem Foto eine neue Platte einlegen, sondern konnte einfach Bild um Bild knipsen. Der erste Rollfilm bestand aus einem langen Papierstreifen, der mit einer empfindlichen Emulsionsschicht überzogen war. 1889 entwickelte Eastman dann den ersten durchsichtigen, biegsamen Filmstreifen aus Nitrozellulose, der wie ein moderner Film aussah und sich auch so anfühlte. Diesen Film konnte man im Handumdrehen in eine kleine tragbare Kamera einlegen, die Eastman, wo er schon mal dabei war, gleich auch noch miterfand: die erste Kodak-Boxkamera. Und spätestens ab 1900, als er eine noch günstigere Boxkamera namens »Brownie« auf den Markt warf, knipste alle Welt eigene Fotos.

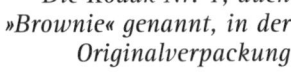

Die Kodak Nr. 1, auch
»Brownie« genannt, in der
Originalverpackung

Willkommen im Farbzeitalter

Die erste Farbfotografie wurde erstaunlicherweise schon 1861 vom britischen Physiker James Clerk Maxwell angefertigt. Die ersten entsprechenden Fotoplatten kamen 1907 auf den Markt, doch erst 1935 stellte

Kodak erste Farbfilme her. Damit konnte man bunte Positive schießen und als Dias verwenden, aber farbige Fotoabzüge waren immer noch nicht drin. Ab 1942 verkaufte Kodak einen ersten Negativfilm für Farbfotografien, doch unter den Hobbyfotografen setzten sich Farbfotos erst Mitte der 60er-Jahre durch. (Als ich klein war, machten die meisten Leute also noch Schwarz-Weiß-Fotos, und so alt bin ich auch wieder nicht!) Im Jahr 1947 erfand Edwin Land die Polaroid-Kamera – das waren Kameras, die sofort ein Bild ausspukten.

Riesenschritte in die Zukunft

Doch heute benutzt fast niemand mehr Filme – wir leben schließlich im digitalen Zeitalter! Während die Hobbyfotografen ihre Familienfotos noch vor Kurzem mit Fotoapparaten knipsten, in denen ein echter Film steckte, den man zum Entwickeln abgeben oder einschicken musste, verwenden sie heute die neuen viel flacheren und handlicheren Digitalkameras. Die Bilder kann man auf dem Computer lagern, an Freunde mailen oder selber ausdrucken, entweder über den Computer oder mithilfe einer Dockingstation oder der Speicherkarte direkt von der Kamera. Außerdem kann man die Bilder mit ein paar Klicks am Computer und den entsprechenden Programmen bearbeiten: sie zurechtstutzen, die Farben aufdonnern, Gegenstände und Menschen ausradieren oder dazubasteln. Und wie geht das? Digitalkameras speichern Fotos in Form

Werbung für die Baby-»Brownie«-Kamera zum Aufstellen
auf der Ladentheke

eines digitalen Codes aus Nullen und Einsen, der auf
dem Bildschirm der Kamera und mit der entsprechenden Software auch auf dem Computermonitor in ein
Bild übersetzt wird.

Jetzt auch in Drei-D

Daneben gibt es eine andere, besonders verblüffende
Entwicklung der letzten Jahrzehnte: die Holografie.
Ein Hologramm ist eine dreidimensionale Fotografie.
Je nachdem, aus welchem Blickwinkel man sie betrachtet – also von vorne, links, rechts, oben oder
unten –, sieht das fotografierte Motiv anders aus. Ein
holografischer Geist kann einen sogar aus dem Bild
heraus anspringen! (Auch das Wort »Hologramm«
kommt aus dem Griechischen: »holos« bedeutet
»ganz« und »gram« bedeutet »Botschaft«.) Die Theorie
hinter diesen bemerkenswerten Bildern stammt vom
britischen Physiker Dennis Gabor und ist genauso alt
wie die Polaroid-Kamera, in den 60er-Jahren wurde sie weiter ausgearbeitet und erst in den 990ern
konnte man sie wirklich in die Tat umsetzen. Anders
als normale Fotografien werden Hologramme nicht
mit einer Linse geknipst. Ein Gegenstand, der für ein
Hologramm »fotografiert« werden soll, wird vielmehr
von einem Laserstrahl beleuchtet. Daneben wird ein
Teil des Lichts von einem Spiegel oder einem Prisma
auf eine Fotoplatte geworfen. Die Form des Gegenstands beeinflusst das Licht und das Muster dieses
Einflusses wird aufgenommen, um die dreidimensio-

nale holografische Form hervorzubringen. Natürlich kann man das sogar noch komplizierter erklären! Aber immerhin liefert der ganze Aufwand ansehnliche Ergebnisse.

Hier, dort, überall

Kannst du dir einen Tag ohne Fotos vorstellen? Ich mir nicht. Fotos tauchen in Zeitungen und Zeitschriften, im Internet, auf Werbeplakaten, auf Postern in Bushaltestellen und in Schaufenstern auf und sogar in Fotoalben ganz normaler Leute schlummern unzählige hochwertige Hochglanz-Farbfotos, wenn sie nicht schon längst (ganz ohne Film) auf dem Computer gespeichert sind. Sogar mit Handys kann man heute fotografieren. Fox Talbot hätte Augen gemacht...

Film und Fernsehen

26. Januar 1926, Frith Street, Soho, London, England

John Logie Baird ist ein wenig nervös. Aufmerksam beobachtet von den geladenen Gästen nimmt der Schotte die letzten Einstellungen an seiner Maschine vor. Mitglieder der Royal Institution, einer einflussreichen wissenschaftlichen Gesellschaft, haben sich in Bairds Heimlabor eingefunden, um der ersten echten Fernsehübertragung der Welt beizuwohnen. Endlich ist es so weit. Die anspruchsvollen Zuschauer beugen sich vor ... und tatsächlich ... auf dem Bildschirm erscheint ein menschliches Gesicht – und es bewegt sich!

John Logie Baird, etwas später in seinem Leben

Bewegte Bilder im Handumdrehen

Filme sind nichts weiter als bewegte Bilder, und Bilder (scheinbar) in Bewegung zu setzen, ist nicht weiter schwer. Hältst du dieses Buch mit der linken Hand am Buchrücken und lässt die Seiten mit dem rechten Daumen durchrauschen, »fliegt« unten in der Ecke ein kleines Flugzeug über die Seiten. Nach einem ähnlichen Prinzip funktionierten auch die ersten Maschinen, die bewegte Bilder zeigten: Der Betrachter musste eine Kurbel drehen, um eine Serie von Fotos durchzublättern, wodurch sich die Gestalten auf den Fotos scheinbar bewegten. Leider konnte bei solchen Apparaturen immer nur einer auf einmal zuschauen. In Großbritannien wurden sie auch »Was der Butler

Jungs, die an einer Uferpromenade in Mutaskop-Maschinen linsen, ca. 1930

gesehen hat« genannt, weil sie häufig ungezogene Sachen zeigten, die Diener vermutlich immer mal wieder durchs Schlüsselloch beobachteten...

Ein Geistesblitz

Eadweard Muybridge, von dem wir bereits auf Seite 114 gelesen haben, dachte sich eine der ersten Abwandlungen dieser Geräte aus. Als er reihenweise galoppierende und trabende Pferde foto-

Galoppierende Pferde auf einer Zoopraxis-kop-Scheibe, 1893

grafierte, kam ihm eine Idee: Wenn er schnell hintereinander viele Bilder von Pferd und Reiter aufblitzen ließ... dann müsste es doch aussehen, als würden sich die beiden bewegen! Um seine Idee zu verwirklichen, erfand er das Zoopraxiskop: Er nahm eine runde Glasscheibe und zeichnete die Pferdebilder in der richtigen Reihenfolge auf den Rand. Danach platzierte er eine Lampe hinter der Scheibe und ließ die Scheibe vor dem blinkenden Licht rotieren. Dadurch lief das Pferd zwar eher auf der Stelle als von links nach rechts, aber damals muss es trotzdem unheimlich eindrucksvoll gewesen sein. Schließlich wurden erst Jahre später die ersten Filmprojektoren entwickelt und deshalb hat Muybridge sich ganz sicher einen Platz in der Geschichte des Kinos verdient.

Warum, wieso, weshalb und weswegen?

Aber warum funktioniert dieser Effekt überhaupt? Na, weil unsere Augen ein bisschen träge sind. Auf der Netzhaut bleibt immer ein »Nachbild« des Anblicks zurück, den wir gerade wahrgenommen haben. (Deshalb spricht man auch von »Nachbildwirkung«.) Gleichzeitig erscheint schon das nächste Bild und die Lücke zwischen den beiden Bildern fällt unserem Gehirn gar nicht groß auf (so schnell denken wir ja nicht). Dabei gilt natürlich: Je mehr Bilder (oder »Frames«) man pro Sekunde sieht, desto flüssiger und weniger flimmerig die Bewegung – doch ab einer bestimmten Anzahl von Bildern pro Sekunde macht das auch keinen Unterschied mehr. Unsere Augen brauchen ganze 0,2 Sekunden, um ein Bild aufzunehmen und ans Hirn weiterzuleiten, wo es erst richtig wahrgenommen wird.

Frühe Vorläufer

Schon in den 30er-Jahren des 19. Jahrhunderts, also noch vor Muybridges Zoopraxiskop, tauchte das Zoetrop auf. Das Zoetrop war noch einfacher gebaut,

Ein Zoetrop, um 1860

 basierte aber auf demselben Grundprinzip: Im Inneren einer oben offenen »Trommel« mit Schlitzen im Rand wurde eine Abfolge von Bildchen aufgereiht. Spähte man durch einen Schlitz ins Innere und drehte gleichzeitig die Trommel, zischten die Bilder so schnell am Auge vorbei, dass sie zu einem einzigen bewegten Bild verschmolzen.

Erste Projektionen

In den 70er-Jahren des 19. Jahrhunderts konstruierte der Franzose Émile Reynaud ein größeres, verbessertes Zoetrop, das mit einem Spiegel und einer Linse zur Vergrößerung der Bilder ausgestattet war. Außerdem fand er einen Weg, eine ganze Rolle Bilder durch die Trommel zu spulen, sodass er sich nicht mehr auf die Innenwand der Trommel beschränken musste. So ließ er Hunderte von Bildern zu einer einzigen »Filmvorführung« verschwimmen, die bis zu einer Viertelstunde dauern konnte. Diese Vorführungen hielt Reynaud in einem eigens dafür gebauten Pariser Theater ab, dem Théâtre Optique, das damit beinahe-aber-doch-nicht-so-ganz das erste Kino der Welt war. Denn Reynaud zeigte keine Fotografien, sondern nur Zeichnungen.

Mr Edison will auch mitmachen

Ende der 80er-Jahre des 19. Jahrhunderts kam nun noch einer ins Spiel: Thomas Edison. Er guckte sich die Arbeit Muybridges, Eastmans und all der anderen an, und dann beauftragte er einen seiner Angestellten, den Engländer William Dickson, mit der Entwicklung einer Maschine, die bewegte Bilder aufnehmen konnte (indem sie schnell hintereinander mehrere Fotos schoss), und einer Maschine, die

Mann guckt in ein Edison-Kinetoskop, ca. 1894

diese Aufnahmen vorführen konnte. 1891 präsentierte Dickson seinem Chef den Kinetographen, eine Kamera für bewegte Bilder, und das Kinetoskop, eine Betrachtungsmaschine. Hast du's gemerkt? In beiden Namen steckt bereits das Wort »Kino«: »kinesis« heißt auf Griechisch »Bewegung«, während »-graph« für »schreiben« oder »aufzeichnen« und »-skop« für »sehen« steht.

Bild für Bild

In Dicksons Kinetographen steckte ein Motor, der eine Rolle Zelluloidfilm an der Linse vorbeischleuste. Dabei wurde der Film dem Licht ausgesetzt und ein Bild nach dem anderen geknipst. Spielte man den entwickelten Film dann im selben Tempo im Kinetoskopen ab, be-

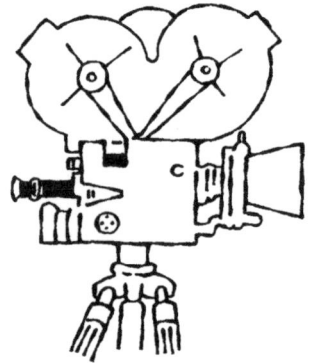

wegte sich das Bild mit der ursprünglichen Geschwindigkeit – und die Leute sahen lebensechte Aufnahmen! Nur waren die Kameras mit eingebauten Motoren unglaublich schwer und schon bald wurden leichtere, praktischere Kameras entwickelt, die mit Handkurbeln angetrieben wurden. Dicksons genialste Erfindung war aber sein zahnradartiges System zum Filmtransport, das den Film immer an der exakt richtigen Stelle für die Belichtung des nächsten Bilds anhielt. Damals liefen verschiedene Kameras übrigens noch mit unterschiedlichen Geschwindigkeiten, sodass man Filme auch unterschiedlich schnell wiedergeben musste. Außerdem wurden Filme noch nicht von Ton begleitet.

Fast geschafft

1893 ließ Edison auf seinem Forschungsgelände in Menlo Park ein eigenes Filmstudio errichten und noch im selben Jahr führte er seine Filme erstmals öffentlich vor. Doch anders als in Émile Reynauds Théâtre Optique in Paris, wo bewegte Zeichnungen auf Leinwände projiziert wurden, konnte immer nur ein Zuschauer auf einmal Edisons bewegte Fotografien bewundern! Dazu musste man nämlich durch ein Fensterchen an der Vorderseite des Kinetoskopen linsen. Heute mag

*Ein Filmprojektor der
Lumière-Brüder aus
dem Jahr 1896*

uns das wie eine schräge Idee
vorkommen, doch 1894 war
es ein echter Publikumsmag-
net und in zahlreichen amerikanischen Städten öffneten
Schaubuden, die mit eigenen
Kinetoskopen warben.

Die Geburt des modernen Kinos

Edison hätte das sicher nicht
geschmeckt, aber inzwi-
schen hat man sich darauf
geeinigt, dass das wahre Kino im Jahre 1895 von den
französischen Brüdern Au-
guste und Louis Lumière be-
gründet wurde. Deshalb hat
man 1995 sogar Feiern zum
100. Geburtstag des Kinos
abgehalten! Die Gebrüder
Lumière besaßen eine Fabrik

*Ein etwas älterer
Louis Lumière*

in Lyon, die Fotografie-Ausrüstungen herstellte. 1895
hatten sie eine Filmkamera entwickelt, die auf Edisons Kinetographen beruhte, aber besser, leichter und
handlicher war, und darüber hinaus hatten sie einen
Weg gefunden, das Bild auf eine große Leinwand zu
projizieren. Nun konnten also mehrere Leute auf einmal zugucken. Nach einigen Probevorführungen vor

ausgewählten Gästen fand im Dezember 1895 in Paris die erste öffentliche Kinovorstellung statt.

Ein weltweites Phänomen

1895: Ein Pferderennen wird gefilmt.

Nach Edisons Erfindung legte die Entwicklung rund um den Globus einen Zahn zu. In Deutschland entwickelten die Brüder Emil und Max Skladanowsky einen eigenen Projektor, mit dem sie bereits im November 1895 in Berlin Filme vorführten. In Großbritannien projizierten Birt Acres und Robert Paul im Januar 1896 erste Filme auf eine Leinwand. Und wieder in Amerika ließen einige Erfinder ihr Vitaskop, einen Filmprojektor, von Edison höchstpersönlich herstellen. Aber das Besondere an den Gebrüdern Lumière war, dass sie nicht nur eine Kamera und einen Projektor gebaut hatten, sondern auch noch denkwürdige Kurzfilme drehten, um ihre Erfindungen zum Besten zu geben. Von Komödien bis zu Dokumentationen war alles dabei!

Größer! Lauter! Und in Farbe!

Frühe Filme mussten auf eine Filmrolle passen und durften daher höchstens zehn bis zwölf Minuten dauern. Durch den technischen Fortschritt konnten zwar bald längere Filme gedreht werden, allerdings hatten sie immer noch keinen Ton – manchmal wurde im Kino Klavier gespielt, wenn sie gezeigt wurden. Doch in den 20er-Jahren tauchten dann erste Tonfilme auf, bei denen man die Schauspieler plötzlich reden hörte! Das Publikum war begeistert! Am Anfang gab es dazu zwei verschiedene Ansätze: Beim ersten wurde der Ton auf eine Schallplatte aufgenommen, die während der Aufführung abgespielt wurde, beim zweiten wurde der Ton direkt auf den Zelluloidfilm aufgezeichnet. Die zweite Technik hat sich bis heute gehalten. Bei den frühesten Farbfilmen musste man noch einen speziellen Farbfilter vor die Linse des Projektors schieben, doch 1922 wurde der erste Farbfilm in voller Länge veröffentlicht, der auf dem Technicolor-Zweifarbverfahren beruhte und ohne Filter auskam. Der kurze Walt-Disney-Zeichentrickfilm *Von Blumen und Bäumen* wurde erstmals nach dem verbesserten Technicolor-Dreifarbverfahren angefertigt und auch der erste Trickfilm in Spielfilmlänge, *Schneewittchen und die sieben Zwerge*, war ein Walt-Disney-Film. Der Durchbruch für Farbfilme kam in den 50er-Jahren, als das Kino ernsthafte Konkurrenz bekam: Das Fernsehen war da!

Die Scheibe dreht sich

Viele Länder behaupten, das Fernsehen wäre von einem
der ihren erfunden worden. Doch die ersten Fernsehbilder, die zu kommerziellen Zwecken übertragen wurden,
gingen zweifellos auf das Konto des schottischen Erfinders John Logie Baird (1888–1946). Im Herzen seiner Apparatur schlummerte der (damals) letzte Schrei
in Sachen Elektronik: die Nipkow-Scheibe, die 1884
vom deutschen Ingenieur
Paul Nipkow entwickelt
worden war. Eine Nipkow-
Scheibe drehte sich wie
eine CD, lag dabei aber
nicht flach im Laufwerk,
sondern stand aufrecht,
also hochkant. Außerdem
war die Scheibe am Rand
nach einem ganz bestimm-
ten Muster spiralförmig
durchlöchert. Drehte man
die Scheibe, kam das erste
Loch an der Oberkante des
gefilmten Gegenstands vor-

*Die Bauchrednerpuppe
»Stookie Bill« – Logie Bairds
erster Fernsehstar, ca. 1923*

bei, das zweite ein bisschen tiefer und so weiter und so
fort, bis sie nach einer vollständigen Umdrehung den
gesamten Gegenstand »abgetastet« hatte. Das brachte
Baird ins Grübeln. Wenn eine Kamera diese abgetas-
teten Bilder durch die Scheibe filmte und elektronisch
an einen Empfänger schickte, der eine weitere Nipkow-
Scheibe mit einer Lampe durchleuchtete... dann müsste

es doch möglich sein, das Bild auf einem elektronischen Bildschirm am anderen Ende wiederherzustellen? Baird war zwar ein ausgebildeter Ingenieur, hatte aber mit gesundheitlichen Problemen zu kämpfen und schlug sich deshalb mit Gelegenheitsarbeiten durch. In seiner Freizeit beschäftigte er sich mit seinen Experimenten. Abgesehen von ein paar Linsen und einem Motor bastelte er die früheste Version seiner Maschine komplett aus Kram, den er im Haushalt fand, zum Beispiel aus einer alten Teekiste. Mit einer Stopfnadel machte er aus einer alten Hutschachtel und einer Keksdose zwei Nipkow-Scheiben und am Schluss klebte er das Ganze mit Siegellack und Bindfaden zusammen!

Die ersten Bilder im Fernsehen

Im Jahr 1925 konnte Baird seine wilde Apparatur endlich ausprobieren. Er setzte eine Bauchrednerpuppe ans eine Ende seines Londoner Dachbodenzimmers, drückte ganz fest die Daumen und bereitete sich darauf vor, Schwarz-Weiß-Bilder der Puppe auf den »Fernseher« am anderen Ende zu übertragen. Zuerst tastete er die Puppe mit einer Nipkow-Scheibe ab. Dabei maß eine lichtempfindliche Fotozelle die Menge an Licht oder Dunkelheit, die durch jedes der 30 Löcher der kreisenden Scheibe drang. Danach wurde diese Information in Form von elektrischen Signalen an den Empfänger (al-

*Ein Baird-Fernsehempfänger
aus dem Jahr 1936*

so den Fernseher) gesendet, in dem eine weitere Nipkow-Scheibe steckte. Hinter dieser Nipkow-Scheibe war eine Lampe angebracht, die immer genau so viel Licht durch die einzelnen Löcher der rotierenden Scheibe warf, wie es die Fotozelle im Sender vorgab. Die Lampe »wusste« also, wie hell oder dunkel die Bauchrednerpuppe beim Blick durch die 30 Löcher gewesen war, und konnte das Bild dadurch auf dem Bildschirm in 30 elektronischen Zeilen aufbauen – eine Zeile für jedes Loch. Und das Ergebnis? War gar nicht so schlecht: ein flackerndes Schwarz-Weiß-Bild der Bauchrednerpuppe. Besonders hübsch war es nicht, aber es war ja auch das *allererste* Fernsehbild.

Große Sprünge

Jetzt tat es die Bauchrednerpuppe nicht mehr – ein echter, lebendiger Mensch musste her! Vor lauter Begeisterung rannte Baird schnurstracks aus dem Haus und heuerte den jungen William Taynton an und noch am selben Nachmittag wurde das Experiment wiederholt. Baird übertrug die ersten *bewegten* Fernsehbilder

der Welt! Im Januar 1926 führte er seinen »Fernseher« öffentlich vor und 1927 schickte er ein Fernsehbild – also die Signale der Fotozelle, die die Helligkeit der Lampe hinter der Nipkow-Scheibe steuerten – durch die Telefonleitung von London nach Glasgow. In Hunderten Kilometern Entfernung baute sich ein schwarzweißes Fernsehbild auf! Im Jahr darauf sandte er ein Fernsehbild über den Atlantik und 1929 übertrug die britische Rundfunkanstalt BBC die ersten kommerziellen Fernsehprogramme der Welt. Aber das tat sie nur hin und wieder, denn ihr Hauptgeschäft war nach wie vor das Radio! Erst 1932 wurden regelmäßige Fernsehsendungen ins Programm genommen.

Aufstieg ... und Fall einer Erfindung

Baird hatte Großes erreicht, doch sein Erfolg war leider nur von kurzer Dauer. Schon 1936 wurde seine mechanische Apparatur von der rasanten Entwicklung überholt – von einer eleganteren, rein elektrischen Methode zum Übertragen und Empfangen von Bildern. Nun wurden die Bilder nicht mehr durch eine rotierende Scheibe abgetastet, sondern direkt als elektrisches Muster erfasst und verschickt. Diese Technik hatte der in Russland geborene Amerikaner Vladimir Zworykin bei seinen Experimenten mit Fernsehkameras und Bildaufnahmeröhren erarbeitet. Und so war Bairds Werk, der erste Fernseher der Welt, schon bald veraltet.

Genie bleibt Genie

John Logie Baird mit seiner TV-Apparatur,
Science Museum, 1926

Das war natürlich ein herber Rückschlag, aber Baird
gab nicht auf, sondern trug weiter zum Siegeszug des
Fernsehens bei. 1938 veranstaltete er im Londoner Do-
minion Theatre die erste öffentliche Vorführung des
Farbfernsehens. 3000 Menschen kamen, um das riesige Farbbild zu bewundern! Außerdem entwickelte er
ein Drei-D-Fernsehsystem und sogar eine Möglichkeit,
Fernsehbilder aufzunehmen – und das viele, viele Jahre vor der Erfindung des Videorekorders!

Bis zur Unendlichkeit und noch viiiiel weiter ...

Heutzutage werden auf verschiedensten Wegen Hunderte von Fernsehprogrammen übertragen. Sie werden von Satelliten, die die Erde auf Umlaufbahnen hoch oben im Orbit umschwirren, quer über den Planeten gebeamt, von unterirdischen Kabeln analog oder digital transportiert oder per Satellitenschüssel und Antenne empfangen. Der Videorekorder ist schon wieder veraltet, heute werden Filme und Fernsehprogramme meist mit Festplatten- und DVD-Rekordern aufgenommen. Dank Digitaltechnologie bekommen wir schärfere Bilder und besseren Ton, vor allem seit dem Aufkommen der HD-Fernseher (HD steht für »High Definition« und bedeutet so viel wie »hochauflösend«). Im Jahr 1995 machte *Toy Story* von sich reden, der erste Spielfilm, der ganz ohne Kameras entstand, da er von vorne bis hinten computeranimiert war. Diese und andere Techniken sind in kürzester Zeit fester Bestandteil unseres Alltags geworden. Inzwischen ist es völlig selbstverständlich, dass Bilder von Ereignissen am anderen Ende des Planeten direkt und live in unserem Wohnzimmer landen. Film und Fernsehen haben die ganze Welt verändert!

Die Eisenbahn

Oktober 1829, Rainhill, England

Das Rennen von Rainhill ist gelaufen. Es geht um ein Preisgeld von 500 Pfund – und darum, welche Dampflokomotive in Fabriken gebaut und auf der neuen Strecke zwischen Liverpool und Manchester eingesetzt wird. Fünf Lokomotiven sind an den Start gegangen, drei haben bis hierher durchgehalten, nur eine kann siegen. Im Führerstand der *Rocket* sieht Robert Stephenson seinen Vater George an und lächelt nervös. Sie haben doch gewonnen, oder?

Stephensons Rocket, 1830

Per pedes

Vor der Erfindung der Dampflokomotive war man an Land am schnellsten mit dem Pferd unterwegs. Was heute ein kurzer Ausflug ist, konnte damals Tage dauern und an Autos und Flugzeuge war damals noch gar nicht zu denken! Das mit großem Abstand beliebteste Transportmittel Europas waren die eigenen zwei Beine. Nur wenige Leute besaßen Pferde und eine Reise mit der Postkutsche konnten sich nur gut betuchte Leute leisten. Außerdem war das eine ziemlich holprige, fröstelige und unbequeme Angelegenheit, die sich über viele Tage und viele Übernachtungen in den Herbergen der Poststationen hinzog.

Auf Schienen

Die ersten Waggons wurden nicht von Lokomotiven, sondern von Pferden über die Schienen gezogen. Vor rund 250 Jahren hatten einige Bergarbeiter eine hervorragende Idee: Mithilfe von Schienen wäre es sicher viel leichter, die schweren Loren voller Eisen und Kohle vom Bergwerk hinunter in den Hafen zu transportieren! Bergab fuhr hinten auf dem voll beladenen Wagen ein Mann mit, der die Geschwindigkeit über eine Bremse steuerte. Auf dem Rückweg zum Bergwerk wurde die Lore, die natürlich immer noch auf Schienen lief, von einem Pferd gezogen.

...doch sie kamen nicht vom Fleck

Auch die ersten Dampfmaschinen wurden für Bergwerke gebaut, doch diese schweren Maschinen bewegten sich nicht von der Stelle und hatten mit Lokomotiven noch wenig gemeinsam. Diese ersten Dampfmaschinen trieben Pumpen an, die Wasser aus den Tiefen des Bergwerks an die Oberfläche beförderten. Die erste derartige Dampfmaschine wurde schon 1712 vom Engländer Thomas Newcomen konstruiert. In den

Eine Newcomen-Dampfmaschine, 1752

Bergwerken gab es also bereits Schienen und Dampfmaschinen, aber noch war keiner darauf gekommen, dass das eine das andere bewegen könnte...

Gefährliche Anfänge

Ende des 18. Jahrhunderts hatte der Schotte James Watt die ursprüngliche, unbewegliche Dampfmaschine bereits stark verbessert, aber Dampflokomotiven wären seiner Meinung nach viel zu gefährlich gewesen. Und vielleicht hatte er recht: Im Jahre 1769 hatte der Dampfwagen des französischen Captain Nicho-

GESCHWINDIGKEITS-BEGRENZUNG
3 KM/H

las Cugnot eine Zuschauermenge in blankes Erstaunen versetzt. Der Wagen hatte auf sagenhafte drei bis viereinhalb Stundenkilometer beschleunigt... bis er in eine Mauer gekracht und in die Luft gegangen war. Daraufhin hatten sich die französischen Behörden den Erfinder und die Überreste seiner Erfindung gegriffen und ihn ins Gefängnis gesteckt!

Watt denn? Doch nicht Watt?

Mit einem beliebten Irrglauben haben wir also bereits aufgeräumt: James Watt hat nicht als Erster erkannt, was man mit der Dampfkraft so alles anstellen könnte, denn Thomas Newcomen war schneller. Aber eigentlich ist der griechische Erfinder Heron *beiden* zuvorgekommen, denn der hatte schon vor über 2000 Jahren im alten Ägypten eine Kugel mit Wasserdampf rotieren lassen! Und jetzt ist der nächste Irrglaube dran: Die erste Dampflokomotive wurde nicht von George Stephenson konstruiert, denn ihm war ein gewisser Richard Trevithick zuvorgekommen...

Langsam nimmt die Sache Fahrt auf

Richard Trevithicks Vater war Leiter einer Zinnmine in Cornwall. Nachdem Richard einige kleinere Modelle halbwegs erfolgreich getestet hatte, baute er 1801 seine erste ausgewachsene Dampflokomotive, die allerdings noch nicht auf Schienen, sondern auf der Straße fuhr. Besser gesagt: Sie fuhr von der Straße *runter* und

rauschte in das Haus eines nichts ahnenden Bürgers! Das gab Ärger. Trotzdem machte Trevithick sich 1804 erneut an die Arbeit. Um eine Wette mit dem Besitzer eines Eisenwerks zu gewinnen, entwickelte er eine zweite Lokomotive, die zehn Tonnen Ladung über eine 16 Kilometer lange Schienenstrecke zog.

Fang mich doch!

Doch Trevithicks größter Erfolg war die Lokomotive *Catch Me Who Can (zu Deutsch: Fang mich doch!)*. Im Jahr 1808 verlegte er in London ein kreisförmiges Gleis,

Richard Trevithicks Eisenbahnstrecke auf dem Londoner Euston Square, 1809

auf dem die Lok tagein, tagaus vor sich hin dampfte. Aber der Clou war, dass Trevithick drum herum einen hohen Holzzaun errichtete. Die neugierigen Londoner hörten den Lärm der Lok und erspähten den Rauch, der aus ihrem Schornstein aufstieg, aber *sehen* konnten sie die Lokomotive nur, wenn sie einen Schilling Eintritt zahlten. Viele Leute ließen sich nicht zweimal bitten, obwohl ein Schilling damals richtig viel Geld war!

Der Rückschlag

Doch schließlich musste die *Catch Me Who Can* Schluss machen und wurde wieder abgebaut. Dampflokomotiven waren Anfang des 19. Jahrhunderts einfach noch keine brauchbaren Fortbewegungsmittel. Warum das? Weil die Schienen den schweren Zug nicht aushielten und immer wieder zu Bruch gingen. Holz war auf Dauer zu schwach und das Eisen des späten 18. und frühen 19. Jahrhunderts war sehr spröde, sodass es bei großen Belastungen leicht splitterte. Erst die Entwicklung von Gusseisen brachte die Wende. Gusseisen war so hart, dass es nur geschmolzen in die gewünschte Form gegossen werden konnte. Damit konnte man endlich stabile Gleise für Dampfzüge verlegen!

Die Stephensons

George Stephenson und sein Sohn Robert haben die Dampflok zwar nicht erfunden, aber im Olymp der Eisenbahnbauer haben sie sich trotzdem einen Platz

Robert Stephenson   *George Stephenson*

verdient. George arbeitete in einer Kohlengrube und in solchen Bergwerken musste man immer wieder die ganze Kohle von einem Fleck zum anderen schaffen. Und die war schwer... Was ließ sich da tun? Wie viele seiner Kollegen war sein Chef Nicholas Wood der Meinung, dass sich Dampflokomotiven dafür bestens eignen müssten, und so beauftragte er George mit dem Bau einer Dampflok. Die erste Eisenbahnverbindung der Welt, die der Allgemeinheit offen stand, wurde 1825 zwischen Stockton und Darlington eingeweiht. Meist wurden die Waggons noch von Pferden gezogen, aber ab und zu kam George Stephensons Lokomotive *Locomotion* zum Einsatz. Die *Locomotion* konnte eine lange Schlange Waggons mit Hunderten begeisterten, dicht gedrängten Menschen hinter sich herschleppen, die großteils nur ihre erste Zugfahrt erleben wollten. Und obwohl sie zugleich tonnenweise Fracht transportierte, beschleunigte sie dabei auf beeindruckende acht Stundenkilometer!

*Die Eröffnung der Eisenbahnlinie zwischen Stockton
und Darlington, 1825*

Stephensons Rakete

Vier Jahre später stieg das Rennen von Rainhill. Fünf
Lokomotiven versuchten ihr Glück: Die *Perseverance*
hatte zu wenig Kraft und machte deswegen früh schlapp
(Dabei bedeutet »perseverance« auf Deutsch »Ausdau-
er«!). Die *Sans Pareil* (französisch für »ohne Gleichen«)
verschlang riesige Mengen Kohle und brach nach dem
achten Durchlauf zusammen. Die *Novelty,* die unter den
Zuschauern besonders beliebt war, kam immer wieder
knirschend zum Stillstand. Die *Cycloped* war gar keine Dampflokomotive, sondern wurde von einem Pferd
auf einem Laufband angetrieben. Und so blieb nur Ste-

Rocket der Stephensons, 1829

phensons *Rocket* über, die mit einer Durchschnittsge-
schwindigkeit von 23 Stundenkilometern über die Gleise dampfte. Ein Riesenerfolg! Am 15. September 1830
wurde die Strecke zwischen Liverpool und
Manchester mit Stephensons Zügen eröffnet. Blöderweise trat dabei der
örtliche Abgeordnete William
Huskisson aufs Gleis und wurde
von der *Rocket* gerammt. Damit
war er der erste Mensch, der auf
einer öffentlichen Eisenbahnstrecke ums Leben kam...

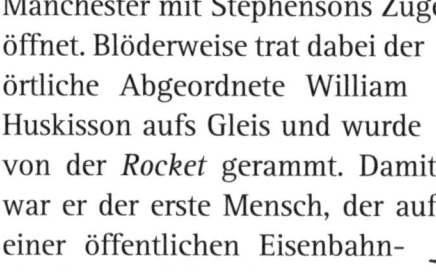

Probleme und Verbesserungen

Danach ging es Schlag auf Schlag. Sowohl Züge als auch Gleise wurden im Eiltempo verbessert und der berühmte Ingenieur Isambard Kingdom Brunel erbaute in England die Great Western Railway. Aber noch baute jeder seine Schienen so, wie es ihm passte ... Erst 1892 einigte man sich auf eine einheitliche Spurweite, also auf einen einheitlichen Abstand zwischen den beiden Schienen, sodass endlich alle Züge auf jedem Gleis fahren konnten! George Stephensons Spurweite von 1 435 Millimetern, die mit Brunels Spurweite von 2 133 Millimetern um die Vorherrschaft gerungen hatte, setzte sich schließlich durch. Fuhren nun alle mit dem Zug? Weit gefehlt! Manche Leute fanden Eisenbahnen einfach nur schrecklich: Sie waren laut, übel riechend, dreckig, verliefen mitten durch die Grundstücke anderer Leute und ließen zudem viele Postkutschenbetreiber pleitegehen. Kein Wunder, dass sie zunächst nicht sonderlich beliebt waren.

Auf nach Amerika!

Doch nur mit der Eisenbahn konnte man rasch ganze Kontinente besiedeln. Früher hatten die Leute ihre Häuser an Flüssen und Straßen errichtet, in Amerika ließen sie sich nun gerne an den Bahnstrecken nieder, an denen praktischerweise auch gleich Telegrafenlinien verliefen. Da immer mehr Men-

schen aus Europa in die USA kamen, drangen die Leute immer weiter gen Westen vor und die Eisenbahn folgte ihnen auf Schritt und Tritt. Über den gesamten Kontinent breitete sich ein weit verzweigtes Eisenbahnnetz aus und am 10. Mai 1869 wurde endlich eine direkte Verbindung zwischen Ost- und Westküste geschaffen: Zwei Eisenbahngesellschaften, die Central Pacific und die Union Pacific, trafen sich in der Mitte am Promontory Point. Ein Grund zum Feiern! Doch ungefährlich war das Reisen damals nicht – in Amerika wurden die Eisenbahnen oft überfallen. Nicht nur von Banditen, die sich häufig auf Zugüberfälle spezialisiert hatten, sondern auch von Indianern, denn die Bahnlinien führten mitten durch ihr Land, von dem sowieso immer weniger übrig war.

Neue Energiequellen

Dampfloks machten nicht nur einen Riesenlärm und spuckten eine Menge Ruß aus; um den Dampf zu erzeugen, der die Maschine am Laufen hielt, musste man auch noch massenhaft Kohle ins Feuer schaufeln. Deswegen suchten Ingenieure und Erfinder bald nach neuen Antriebsmöglichkeiten. 1892 erfand Dr. Rudolf Diesel den Dieselmotor, der mit einem bestimmten Benzin namens Diesel (Ach was!) lief. Und als man lernte, die neu entdeckte Elektrizität zu nutzen, kam man schnell auf die Idee, dass man auch Züge mit Strom ins Rollen bringen könnte. Seit den 30er-Jahren wurden immer mehr Diesel- und Elektroloks hergestellt, sodass die

Dampflok in den 60ern allmählich wieder aus Europa verschwand.

Schneller und sauberer

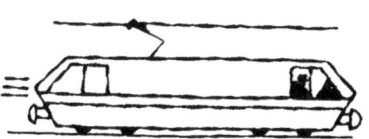

In Ländern mit wenig Kohlevorkommen (zum Beispiel in der Schweiz), waren Elektroloks natürlich besonders willkommen. Häufig werden sie durch eine Oberleitung mit Strom versorgt, manchmal auch durch eine Stromschiene neben oder zwischen den Gleisen. Auch die deutschen ICEs fahren größtenteils mit elektrischem Strom. Auf den Hauptstrecken in England sind dagegen meist dieselelektrische Lokomotiven unterwegs. Diese Loks haben einen Dieselmotor, der jedoch einen Stromgenerator antreibt, der wiederum Elektromotoren mit Strom versorgt, und die drehen dann die Räder.

Unterirdisch, oberirdisch

Die erste unterirdische Bahnstrecke der Welt wurde 1863 in London eröffnet, aber es dauerte sehr, sehr lange, bis das Londoner U-Bahn-Netz auf seine heutigen Ausmaße angewachsen war. 1900 folgte die Pariser Métro, 1902 die Berliner U-Bahn, 1904 die New Yorker Subway. Heute verbindet sogar ein Eisenbahntunnel unter dem Meer Großbritannien mit dem europäischen Festland. Über den Straßen mancher Städte

gleiten Hochbahnen, Schwebebahnen und Einschie-
nenbahnen dahin, die zum Teil (wie der Name schon
sagt) auf nur einer einzigen Schiene fahren. Und 1984
wurde in England die erste Magnetschwebebahn eröffnet, die mithilfe von Elektromagneten *über* dem Gleis
schwebte! Das hätten sich die Stephensons nur durch
Zauberei erklären können ...

Autos! Autos! Autos!

Mai 1902, Bexhill-on-Sea, East Sussex, England

In Zusammenarbeit mit dem Automobilklub von Großbritannien und Irland richtet der achte Earl De La Warr das erste Autorennen auf englischem Boden aus. Ein Rudel Autos braust, rattert und prustet am Ufer entlang zum Galley Hill und wieder zurück. Und wer gewinnt? Monsieur Léon Serpollet aus Frankreich lässt die riesige Menge der Verfolger hinter sich – darunter Lord Northcliffe, den Gründer der Zeitung *Daily Mail,* in seinem Mercedes –, denn in seinem dampfbetriebenen Gefährt mit dem klangvollen Namen *Osterei* rast er mit sagenhaften 87 Kilometern pro Stunde dahin!

Wie wäre es erst einmal mit einem Rad?

Keiner weiß, wer das Rad erfunden hat, aber dass es nicht in allen Zivilisationen benutzt wurde, ist klar. Die Azteken, die für ihre pyramidenförmigen Tempel, ihre Blutopfer und ihre Ausrottung durch die spani-

schen Eroberer bekannt sind, hatten weder Karren noch Fuhrwerke, ja nicht mal Lasttiere! Wenn ein Azteke irgendwohin wollte, musste er wohl oder übel laufen. In anderen Kulturen setzte man sich bald auf Pferde und zog Karren hinter sich her, etwas später nahm man in Wagen und Kutschen Platz und oft folgten daraufhin die Dampflok und schließlich das Automobil.

Zum Scheitern verurteilt

Einer der frühesten Versuche, eine »pferdelose Kutsche« zu erschaffen, verließ sich auf die Windkraft: 1599 wurde in den Niederlanden ein »Segelwagen« gebaut, der wie ein kleines Segelschiff mit Rädern aussah. Segelschiffe waren über Tausende von Jahren hinweg die schnellsten, größten und nützlichsten Transportmittel der Welt – doch an Land bringen Segel nicht halb so viel. Zum einen müsste der Wind immer in die richtige Richtung blasen, zum anderen müssten die Straßen schon seeehhhr glatt sein, damit das funktioniert. Außerdem dachte man über Autos nach, die von Windrädern und Drachen fortbewegt wurden, aber die waren genauso wenig zu gebrauchen wie der Segelwagen!

Dampf unterm Kessel

Nicholas Cugnots explosiver Dampfwagen, der seinen großen Auftritt 1769 hinlegte, hatte einige entscheidende Mängel, doch davon

Richard Trevithicks London Road Carriage

ließ sich Richard Trevithick nicht entmutigen. Er baute einige frühe Autos, und da er mit Dampfloks berühmt geworden war, setzte er natürlich auch dabei auf Dampf. Der erste Dampfwagen, den er 1801 fertigstellte, hatte einen passenden Spitznamen: »Captain Dick's Puffer« (»Kapitän Dicks Schnaufer«). Das zweite, größere Modell zog eine Menge erstaunte Blicke auf sich, als es 1803 durch London dampfte. Bald fuhr so manche dampfbetriebene Passagierkutsche durch die Straßen, doch in Europa kamen sie nie so richtig gut an – ganz anders als in den USA, wo Dampfkutschen und später Dampfwagen bald enorm angesagt waren. Der *Stanley Steamer,* ein Werk der amerikanischen Zwillinge Freelan

und Francis Stanley, stellte 1906 den Geschwindigkeitsrekord für eine Fahrt über Land auf: (wirklich) unglaubliche 195,64 Stundenkilometer!

Ein Stanley Steamer, 1899

Der Verbrennungsmotor

Dass Dampfwagen trotzdem keine echten Publikumsrenner waren, hatte seine Gründe: Man musste zum Beispiel immer einen Ofen und einen Dampfkessel mit an Bord haben, wodurch man beim Fahren quasi auf einer Bombe hockte! Doch mit dem Verbrennungsmotor änderte sich alles. Dank dieser bemerkenswer-

ten Erfindung konnte schließlich jedermann hinterm
Steuer Platz nehmen. Und wie funktioniert das Ganze?
Bei einem Dampfantrieb setzt der Dampf des erhitzten
Wassers den Kolben im Zylinder in Bewegung, um die
Räder zu drehen. Beim Verbrennungsmotor entzündet
ein Funke ein Gas (später Benzindämpfe), um dassel-
be zu erreichen. (Dazu braucht man Zündkerzen, falls
du dich schon mal gefragt hast, was das sein soll.)
Dadurch konnte man viel kleinere und leistungsfähi-
gere Motoren konstruieren, die zudem ganz ohne Öfen
und riesige Dampfkessel voll kochend heißem Wasser auskamen! Die Fachleute streiten darüber, wer den
Verbrennungsmotor denn nun erfunden hat, aber der
Belgier J.J. Lenoir ist auf alle Fälle als Erster mit einem Verbrennungsmotor herumgefahren, und zwar in
Paris. Für 9,7 Kilometer brauchte sein gasbetriebener
Wagen zwei Stunden, er war also mit durchschnittli-
chen 4,9 km/h unterwegs. 1875 baute der Österreicher
Siegfried Marcus dann ein Auto, das mit Benzin lief,
doch überraschenderweise versuchte er genau wie Lenoir gar nicht erst, seine Erfindung zu verbessern. Als
hätten sich die beiden gedacht: Besser wird's sowieso
nicht mehr! Doch die Herren
Gottlieb Daimler und
Carl Benz sollten sie
bald eines Bes-
seren beleh-
ren...

Die ersten echten Autos

Im Jahr 1885 schuf Carl Benz das erste wirklich brauchbare Automobil, das sich auch noch richtig gut verkaufte. Sein »Motorwagen« hatte einen leichten Rahmen und hinten zwei große, vorne ein kleines Rad, die an die Räder von Fahrrädern erinnerten. Dagegen war Daimlers erstes Gefährt, das ein Jahr später fertig war, eigentlich eine Pferdekutsche. Herr Daimler hatte einfach einen Motor hinzugefügt – und schon war aus der Kutsche ein Auto geworden! Selbst zehn Jahre später hatten viele Automobile noch große Ähnlichkeit mit Kutschen. Ein Peugeot von 1896 war mit einer gemütlichen Kabine für die Fahrgäste ausgestattet, nur der Fahrer musste wie bei einer Pferdekutsche draußen sitzen! Bald waren Autos voll im Trend und auf der London Motor Show von 1898 zeigte der Benz Viktoria sein Können: Er fuhr Rampen hinauf und Stufen hinunter, um zu beweisen, wie wendig so ein Auto sein konnte!

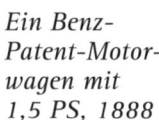

Ein Benz-Patent-Motorwagen mit 1,5 PS, 1888

Elastisch in die Zukunft

Doch ohne die Erfindung des luftgefüllten Gummireifens wäre das Auto nicht halb so erfolgreich gewesen.
Gummireifen federn die meisten der Beulen und Dellen im Boden ab, damit man bei einer Autofahrt nicht
gnadenlos durchgerüttelt wird. Im Jahr 1839 entdeckte
der amerikanische Erfinder Charles Goodyear das sogenannte Vulkanisieren; vulkanisiertes Gummi ist viel
widerstandsfähiger, elastischer und weniger klebrig.
1845 ließ der Schotte Robert Thomson einen ersten
aufblasbaren Reifen patentieren und 1888 entwickelte
ein anderer Schotte namens John Boyd Dunlop einen
luftgefüllten Gummireifen, der bereits unseren heutigen Reifen ähnelte. (Der Legende nach
hatte er mit wassergefüllten Reifen
experimentiert, als ihm ein Nachbar
vorschlug, es doch einmal mit Luft
zu probieren!)

Elegant und luxuriös

Gottlieb Daimler baute nicht nur Daimler-Autos, sondern in Zusammenarbeit mit dem Ingenieur Maybach
bald auch den ersten Mercedes. Bis ins Jahr 1906 gal-
ten die Wagen der Marke Mercedes als unschlagbar –
bis Mr Charles S. Rolls und Mr Henry Royce auftauchten. Angeblich sagte der reiche und total nach Autos
verrückte Rolls zu Royce: »Sie stellen die Autos her,
ich verkaufe sie und wir nennen sie Rolls-Royce.« Der
Motor eines Rolls-Royce soll so leise gewesen sein,

Der Stand von Charles S. Rolls & Co. bei der ersten Automobil-ausstellung in Großbritannien im Crystal Palace, 1903

dass er »schnurrte«, und so zuverlässig, dass man nur selten daran herumschrauben musste. Und damit hatten sie Erfolg! 1926 schlossen sich dann Daimler und Benz zusammen und verkauften von nun an Autos der Marke Mercedes-Benz.

»Wenn der Wagen nur schwarz ist«

Einer der berühmtesten Sätze der Automobilgeschichte stammt vom amerikanischen Autoboss Henry Ford: »Jeder kann seinen Wagen beliebig anstreichen lassen, wenn der Wagen nur schwarz ist.« Die Rede war vom Ford Model T, der 1908 auf den Markt kam. Aber warum musste jeder Model T schwarz sein? Weil der Model T als allererstes Auto der Welt in Massenproduktion hergestellt wurde. Henry Ford hatte nicht das Automobil selbst, sondern das Fließband erfunden: Jeder Arbeiter stand jeden Tag an derselben Stelle des Fließbands, um dieselbe Aufgabe am unfertigen Auto zu verrichten, ehe das Auto auf dem Fließband zum nächsten Arbeiter wanderte. Und immer so weiter, bis der vollständig zusammengesetzte, schwarz gespritzte Model T aus der Fabrik rollte. Der Model T, der auch »Tin Lizzy« genannt wurde, war ein günstiger, zuverlässiger und *unglaublich* erfolgreicher Wagen. 1922 stellte die Ford Motor Company einen weltweiten Rekord auf: Sie produzierte über eine Million Autos in einem Jahr. Und 1927 hatte sie über 15 Millionen Model Ts verkauft!

Ein Ford Model T, 1916

Lieblingsautos

Heute sind Autos für die meisten Menschen das Normalste der Welt, doch manche Autos sind immer noch besondere Hingucker – zum Beispiel der VW Käfer und der Mini, die beide eine Menge treue Fans haben. VW bedeutet natürlich Volkswagen und der erste Volkswagen wurde 1938 hergestellt, als in Deutschland der Diktator Adolf Hitler herrschte. Hitler war so vernarrt in den Volkswagen, dass er sogar den Grundstein für die erste VW-Fabrik legte. Auch nach dem Krieg erfreute sich VW noch großer Beliebtheit, und als 1978 der letzte Käfer der ursprünglichen Bauart vom Band lief, waren insgesamt 19,75 Millionen Stück verkauft worden. Wenn das kein Weltrekord war! Der Mini, der (wie sein Name schon sagt) putzig klein ist, stammt ursprünglich aus Großbritannien und erschien erstmals 1959 auf der Bildfläche.

Tops und Flops

Aber nicht jedem neuen, fortschrittlichen Automobil wurde automatisch rauschender Beifall gespendet. 1958 kam der Ford Edsel auf den Markt, der sich durch einen riesigen Kühlergrill hervortat. Das hielt man bei Ford wohl für sehr modern und aufregend, doch die Kundschaft fand es eher hässlich und so versauerten die meisten Edsels im Verkaufsraum. Als die Produktion nach einem Jahr eingestellt wurde, hatte Ford einen Verlust von 250 Millionen Dollar gemacht! Ein anderer, in jeder Hinsicht kleinerer Reinfall war das

zwergenhafte Elektroauto C5 des britischen Erfinders Sir Clive Sinclair. Sinclair pries seinen Winzwagen als besonders sparsam, umweltfreundlich und wendig im Straßenverkehr, doch in den Augen der meisten Leute war das Ding einfach nur albern! Das erste Elektroauto war übrigens schon 1899 von einem Belgier erfunden worden und bis 1930 kurvten in den USA tatsächlich viele Elektroautos herum. Dann gerieten sie in Vergessenheit, doch heute interessiert man sich wieder stärker für Elektroautos, da sie die Luft viel weniger verpesten als gewöhnliche Autos. Aber mit einem so kleinen Wagen wie dem C5, der wie ein Wurm am Boden klebt, wird man es bestimmt nicht noch mal versuchen.

Sicherheitsvorkehrungen

Im heutigen Autobau steht Sicherheit an erster Stelle – vor allen Dingen die Sicherheit der Leute *im* Auto. Fahrer, Beifahrer und Mitfahrer schnallen sich mit Sicherheitsgurten am Sitz fest, manche Wagen sind von vornherein mit Kindersitzen ausgestattet. In vielen Autos plustern sich Airbags auf, wenn sie plötzlich zum Stillstand kommen oder gegen ein Hindernis krachen, und wenn es von der Seite her kracht, hilft der Seitenaufprallschutz. Doch mittlerweile werden die Autohersteller auch zunehmend dazu gedrängt, ihre Autos so zu konstruieren, dass Fußgänger bei Unfällen möglichst glimpflich davonkommen. Außerdem denkt man darüber nach, die Geschwindigkeit aller Autos per Satellit zu kontrollieren, damit die Leute nicht mehr schneller rasen als erlaubt. Manche Autos sind bereits mit speziellen Systemen ausgestattet, die auf die Bremse drücken, wenn man einem anderen Auto zu sehr auf die Pelle rückt. Oder die dafür sorgen, dass der Wagen gar nicht erst anspringt, wenn man Alkohol getrunken hat!

Freiheit?

Wie haben Autos die Welt verändert? So sehr, dass es sich kaum in Worte fassen lässt. Orte, an die man nicht einmal mit der Eisenbahn gekommen ist, sind mit dem Auto problemlos zu erreichen. Man muss sich nicht mehr an die Fahrpläne öffentlicher Verkehrsmittel halten, sondern kann fahren, wohin man will und wann man will, und das erheblich schneller als zu Fuß oder auf dem Rücken eines Pferdes... außer, man steckt im Stau. In manchen Städten ist der Berufsverkehr so schlimm, dass man vor 100 Jahren mit dem Pferd im Durchschnitt schneller gewesen wäre! Reiter mussten schließlich nicht an roten Ampeln hinter einer langen Schlange anderer Reiter warten... Nimmt man die Umweltverschmutzung, den Lärm und

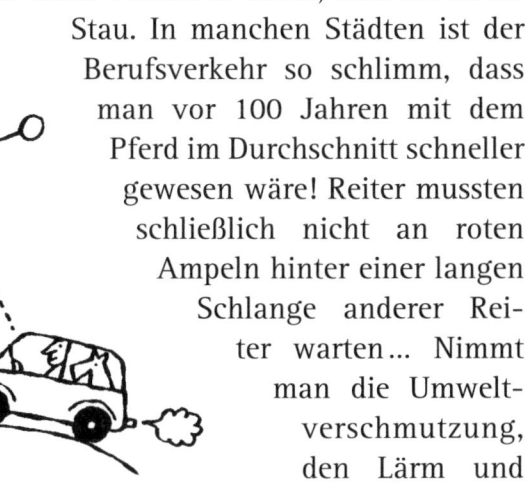

die zahlreichen Toten im Straßenverkehr hinzu, kapiert man schnell, dass für Autos dasselbe gilt wie für
so viele andere bahnbrechende Erfindungen: Sie bringen Vorteile, aber auch Nachteile.

Flugzeuge

17. Dezember 1903, Kitty Hawk, North Carolina, USA

Die beiden Brüder wechseln sich ab. Gestern hat ein Münzwurf entschieden, dass Wilbur als erster in ihren neuen, verbesserten *Flyer* steigen darf, doch er hat zu steil abgehoben und deshalb eine Bruchlandung hingelegt. Heute ist Orville dran ... und er fliegt! ER FLIEGT! Nach ganzen 37 Metern setzt er schließlich zur Landung an. Damit ist ihm der allererste Flug in einem Flugzeug gelungen!

Wilbur und Orville Wright, um 1910

Auf und Ab

Kaum hatten Menschen die Vögel am Himmel fliegen sehen, wollten sie selber fliegen. Eine alte griechische Sage erzählt von Ikarus, der zu nah an die Sonne heranschwirrte – so nah, dass seine Flügel aus Wachs und Vogelfedern in der Hitze schmolzen und er ins Meer stürzte. (Sein Papa Dädalos war vernünftiger und drehte rechtzeitig ab ... aber das ist natürlich nur eine ausgedachte Geschichte.) Etwas weniger Pech

hatte der englische Mönch Eilmer: Im 11. Jahrhundert
sprang er mit Vogelfedern an Armen und Beinen von
einem Turm der Wiltshire Abbey. Er flog nicht, aber er
starb auch nicht. Er brach sich jedoch beide Beine...

Menschliche Drachen

Im China des 5. Jahrhunderts schnallten sich angeblich Menschen an riesenhafte Drachen, die mit dicken
Seilen im Boden verankert waren – nicht etwa, um
von A nach B zu kommen, sondern um sich vom Himmel aus umzuschauen. Aber keiner weiß, was passier-
te, wenn der Wind plötzlich abflaute. Wahrscheinlich
machte es: *Klatsch!*

Eine wichtige Erkenntnis

Im 13. Jahrhundert führte ein anderer englischer
Mönch, ein Kerl namens Roger Bacon, eine Reihe von
Experimenten durch, die ihm zu einer erstaunlichen
Schlussfolgerung verhalfen: Genau wie Wasser Schiffe
tragen kann, die schwerer als Wasser sind, kann auch
Luft Gefährte tragen, die schwerer als Luft sind. Wie
recht er doch hatte...

Da Vinci hebt ab

Im frühen 16. Jahrhundert trat Leonardo da Vinci auf
den Plan. Da Vinci war Maler, Architekt, Bildhauer,
Musiker, Ingenieur, Wissenschaftler, *Erfinder* und

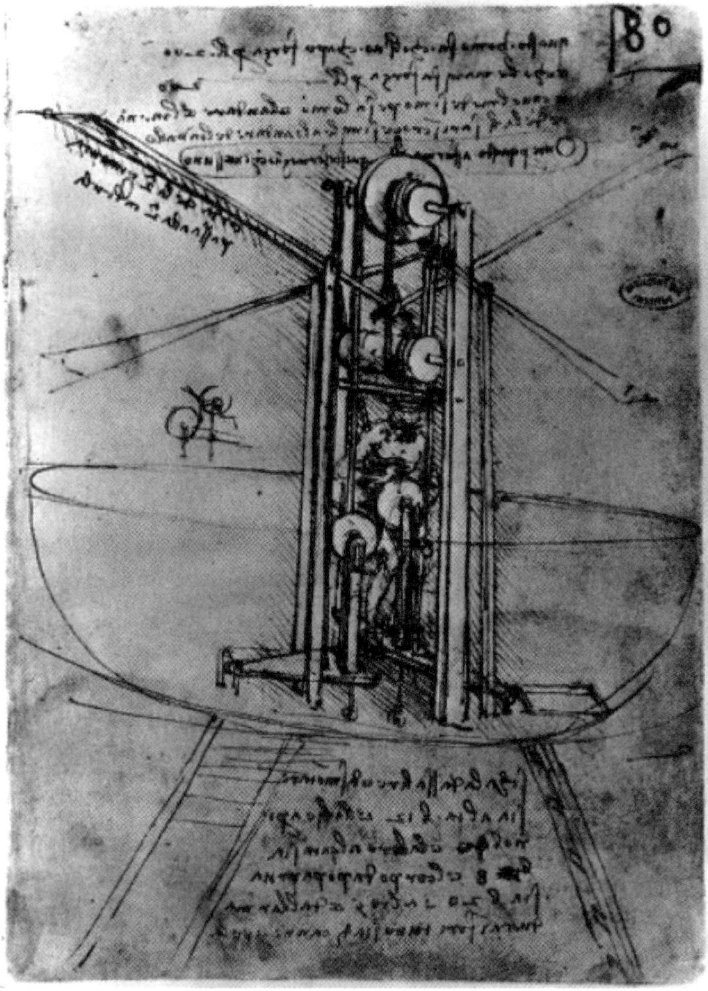

![Flugmaschinen-Entwurf von Leonardo da Vinci]

*Flugmaschinen-Entwurf von Leonardo da Vinci aus dem späten
15. Jahrhundert*

überhaupt ein Genie allererster Kajüte. Die Vorstellung, dass Menschen fliegen könnten, faszinierte ihn
so sehr, dass er unter anderem drei verschiedene Flug-

geräte erdachte, die allesamt schwerer als Luft waren: einen Ornithopter (eine Apparatur mit mechanischen Flügeln, die wie Vogelflügel flattern sollten), einen Hubschrauber (Ja, richtig gelesen!) und einen Gleiter (mit fest installierten Flügeln, an denen der Pilot durch die Luft segeln könnte).

Träume am Reißbrett

Doch da Vincis Fluggeräte schafften es nie vom Papier in die Wirklichkeit, und hätte er seine Entwürfe tatsächlich umgesetzt, hätte man damit nie im Leben fliegen können. Trotzdem war er mit seinem Hubschrauber und seinem Gleiter zweifellos auf dem richtigen Weg. Nebenbei erfand er übrigens auch noch den Propeller und dachte sich einen ersten Fallschirm aus. Der erste brauchbare Fallschirm wurde allerdings erst in den 80er-Jahren des 18. Jahrhunderts angefertigt.

Spring!

Im Jahr 1785 ließ der Franzose Jean-Pierre Blanchard einen Hund, dem er einen Fallschirm angeschnallt hatte, aus großer Höhe fallen. (Der Name des Hundes ist bedauerlicherweise nicht überliefert.) Acht Jahre später, also 1793, traute sich Blanchard endlich selbst und danach konnte er von sich behaupten, der erste

Mensch zu sein, der einen erfolgreichen Fallschirmsprung hingelegt hatte. Das entscheidende Wort ist
»erfolgreich« – wer weiß, wie viele Leute bereits den
Schritt in die Wolken gewagt hatten, aber leider nicht
mehr davon erzählen konnten… Aaaaaaaahhhhhh!

Nicht nur heiße Luft

Aber wie konnte Blanchard den Hund überhaupt »aus
großer Höhe« abwerfen? Mithilfe eines Heißluftballons, denn Blanchard war Ballonfahrer. Heißluftballons beruhen auf einem ganz einfachen Prinzip: Heiße
Luft steigt auf. Deshalb steigt auch ein großer Ballon
auf, der mit heißer Luft gefüllt wird. Und bringt man
jetzt noch einen geräumigen Korb (eine Gondel) am
Ballon an, steigt man selber auf (sofern man vorher in
den Korb gekrabbelt ist). In diesen Ballons, die dank
der großen Menge an heißer Luft insgesamt leichter
als Luft waren, konnte die Menschheit erstmals den
Himmel erobern. Der erste funktionstüchtige Heißluftballon wurde von den französischen Brüdern Joseph
und Étienne Montgolfier gebaut und 1783 von François Pilâtre (einem Wissenschaftler) und dem Marquis
d'Arlandes (einem reichen Typ) über Paris hinwegge-
flogen. Für den Fall, dass ihr Gefährt Feuer fing, hatten die beiden sicherheitshalber einen Eimer Wasser
und einen Schwamm dabei. Kurz darauf wollte plötzlich alle Welt in einen Heißluftballon steigen.

Luftschiffe

Die heiße Luft in den Heißluftballons musste die ganze Zeit von einem Brenner beheizt werden, der unter
einem Loch an der Unterseite des Ballons angebracht
war. Der nächste logische Schritt waren daher die Zep-
peline: Luftschiffe mit riesigen, zigarrenförmigen, luft-
dichten Hüllen, die ein Gas enthielten, das von vornherein leichter als Luft war. Pilot des ersten Zeppelinflugs im Jahr 1852 war der Franzose Henry Giffard,
das goldene Zeitalter der Luftschiffe brach dann mit
der Jahrhundertwende an. Doch leider waren die Hüllen der fantastischen Gefährte sehr zerbrechlich (weil
sie extrem leicht sein mussten), sodass es bei Sturm
schnell gefährlich wurde. Und der Wasserstoff in den

Ein Giffard-Zeppelin, 1852

Hüllen war sowieso unglaublich gefährlich – KAAA-WUMMS! Das Schicksal der gigantischen *Hindenburg,* die 1937 als enormer Feuerball vom Himmel stürzte, besiegelte das Ende der glorreichen Zeit der Luftschiffe. Kein Wunder, denn der schreckliche Unfall wurde überall in der Wochenschau gezeigt und hatte damit Millionen Zuschauer!

Erste Gleiter

Leonardo da Vinci hatte zwar bereits einen Entwurf für einen Gleiter gezeichnet, doch der erste echte Gleiter wurde 1849 von ... nun ja, von einem zehnjährigen Jungen geflogen. Gebaut hatte ihn jedoch der Engländer Sir George Cayley, der ganze 66 Jahre älter war. Der junge Pilot musste in einem umfunktionierten alten Boot Platz nehmen, bevor der Gleiter wie ein riesiger Drache mit einem Seil in die Luft geschleppt wurde. Das machte den deutschen Ingenieur Otto Lilienthal neugierig, der zum größten Gleiterexperten seiner Zeit aufstieg. Was ihn leider das Leben kostete – bei einem Testflug im Jahr 1896 brach er sich den Hals. Doch zuvor hatten seine Experimente wiederum zwei amerikanische Brüder und Besitzer einiger Fahrradläden neugierig gemacht: Orville und Wilbur Wright.

Die Stars der Familie

Die berühmten »Gebrüder Wright« Wilbur (1867–1948) und Orville (1871–1912) hatten sogar noch zwei weitere Brüder und eine Schwester, aber nur Wilbur und Orville wurden berühmt, denn nur sie veränderten die Welt. Wilbur und Orville waren mit Octave Chanute befreundet, einem anderen Amerikaner, der zahlreiche Gleiter baute und flog. Doch die Wrights interessierten sich eher für den *Motorflug*: Sie wollten ein Fluggerät entwickeln, das sich selbst vorwärts schob, statt nur von der Luft getragen zu werden. Dazu brauchten sie ein Gefährt mit der richtigen Form und dem richtigen Gewicht und einem Motor, der einen Propeller in Bewegung setzte. Der Propeller sollte dem Fluggerät den nötigen Auftrieb zum Abheben und den nötigen Schub zum Vorwärtsfliegen verleihen. Doch auch die Wrights bastelten zunächst Gleiter, mit denen sie Testflüge über den windgepeitschten Sanddünen beim Fischerdorf Kitty Hawk in North Carolina durchführten.

Endlich richtige Flugzeuge

Schließlich gelangten Orville und Wilbur zu der Erkenntnis, dass ein Motorflugzeug mehr sein musste als ein Gleiter mit einem Motor dran. Deshalb konstruierten sie den *Flyer,* der längere, schmalere Flügel und bewegliche Seitenruder hatte, die an Steuerruder von Schiffen erinnerten. Als Nächstes fertigten sie unterschiedlich geformte und unterschiedlich große Propeller an, die die Luft »einsaugen« sollten, um sich (und

*14. Dezember 1903: Der erste Versuch der Wrights,
einen Motorflug durchzuführen*

den *Flyer)* nach vorne zu ziehen und für Auftrieb zu sorgen. Aber… konnte man mit dem Ding wirklich *fliegen*?

Platsch … und Wuuuusch!

Am 8. Dezember 1903 ging Professor Samuel Langley, Leiter des berühmten Smithsonian in den USA, zum zweiten Mal mit seinem eigens konstruierten Fluggerät *Great Aerodrome* an den Start. Das *Great Aerodrome* wurde von einem umgebauten Hausboot auf dem Potomac River aus abgefeuert… und plumpste genau wie beim letzten Mal postwendend ins Wasser. Ein Misserfolg auf der ganzen Linie, der den Wright-

Brüdern dennoch klarmachte, dass das Rennen um den ersten echten Flug der Menschheitsgeschichte immer enger wurde. Und am 17. Dezember 1903 hatten sie gewonnen – der *Flyer* flog! Die sorgfältig entworfenen Flügel, das Gestell, die Propeller, alles zusammen reichte tatsächlich, um einen Menschen vom Boden abheben und durch die Luft segeln zu lassen! Der erste Flug eines motorbetriebenen Flugzeugs, das schwerer war als Luft und einen Piloten an Bord hatte (in diesem Fall Wilbur), war zwar nach nur zwölf Sekunden Geschichte, aber noch am selben Tag führten die Wrights drei weitere Flüge durch. Beim weitesten legte der *Flyer* in 59 Sekunden 260 Meter zurück!

Über den Wolken

Wilburs Flug war der bescheidene Anfang des gesamten internationalen Luftverkehrs. Schon bald wurden bessere, größere, schnellere und kraftvollere Flugzeuge entwickelt und kurz darauf gab es noch mal einen Knaller: das Düsentriebwerk, das vom Engländer Sir Frank Whittle entwickelt und 1930 patentiert wurde. Beim Düsentriebwerk wird die Luft nicht durch einen Propeller, sondern durch eine ventilatorartige Turbine gesaugt. Dadurch können deutlich größere Maschinen deutlich schneller fliegen. 1976 wurde die *Concorde* in Betrieb genommen, das erste Überschall-Passagierflugzeug der Welt (»Überschall« bedeutet »schneller

Die Concorde auf der Startbahn

als Schall«). Und auch der Hubschrauber, von dem schon da Vinci träumte, ist längst Wirklichkeit. Anfang des 20. Jahrhunderts versuchte eine Menge Leute ihr Glück, doch der Amerikaner Emile Berliner und sein Sohn Henry machten das Rennen: Sie bauten das wahrscheinlich erste Fluggerät, das von motorbetriebenen Rotoren getragen wurde und halbwegs stabil flog. Der erste wirklich brauchbare Hubschrauber, den der deutsche Ingenieur Heinrich Focke 1936 entwarf und flog, besaß noch zwei Rotoren, doch drei Jahre später setzte sich der in Russland geborene Amerikaner Igor Sikorsky hinters Steuer eines passablen Hubschraubers mit nur einem Rotor. Auch dieser Erfindung stand eine große Zukunft bevor...

Mit dem Hintern voraus

Wie bei den Autos auf der Straße geht auch in der
Luftfahrt Sicherheit über alles. Der Schleudersitz, der
in den 40er-Jahren von Sir James Martin erfunden
wurde, rettete schon so manchem Piloten das Leben:
Zieht der Pilot am Griff, löst sich das Kabinendach
über seinem Kopf und der Sitz wird durch die Öffnung
katapultiert. Daraufhin entfalten sich zuerst ein kleiner Fallschirm, der den Sitz abbremst, und danach ein
zweiter, größerer Fallschirm, der den Piloten aus dem
Sitz zerrt und sicher zu Boden gleiten lässt. Wieder
mal eine genial einfache Idee, die einfach genial umgesetzt wurde.

Immer höher hinaus

Heute fliegen Menschen nicht nur bis zu den Wolken,
sondern auch zu den Sternen. Na ja ... ganz so weit
kommen wir noch nicht, aber bis zum Mond haben
die Astronauten es schon geschafft. Ein Spaceshuttle
muss sich zwar beim Start von einer Rakete huckepack
nehmen lassen, aber ansonsten sieht es aus wie ein
normales Flugzeug mit starren Flügeln und es landet
auch genauso. Allerdings dauert der Flug zum Mond
ein bisschen länger, drei bis vier Tage sollte man schon
einrechnen. Auf der Erde erreicht man dagegen mit einem Flugzeug jeden Punkt in weniger als 24 Stunden.
Für viele Leute ist es ganz normal, in einem Jumbo-
jet mitzufliegen. Der Jumbo – der eigentlich Boeing
747 heißt – war lange Zeit das größte Passagierflug-

zeug der Welt. Einer seiner Flügel ist etwa so lang, wie der erste Flug der Gebrüder Wright weit war! Im Jahr 2007 löste der Airbus A380 den Jumbo-Jet als größtes Passagierflugzeug ab, eine Riesenmaschine, in der fast eineinhalb Mal so viel Platz ist wie im Jumbo! Unglaublich, was?

Buchdruck

1455, Mainz, Deutschland

Vorsichtig hebt Johannes Gutenberg das Blatt aus der Druckerpresse. Noch ist die Tinte auf dem Papier feucht. Seine Finger zittern leicht, als er die letzte Seite des 1282 Seiten dicken Buches betrachtet. Aus über 400 000 einzelnen Buchstaben hat er die erste gedruckte Bibel der Welt zusammengesetzt.

Die Gutenberg-Druckerpresse, um 1430

Die Geburt der Geschichte

Die Geburt der Schrift war zugleich die Geburt der Geschichte – im wahrsten Sinne des Wortes. Alles, was davor kam, wird »Vorgeschichte« genannt und liegt in »prähistorischen« (= vorgeschichtlichen) Zeiten. Die ersten Aufzeichnungen der Welt waren vermutlich Kerben in Stöcken oder Knochen; dabei stand eine Kerbe für ein Tier, das man besaß. Die ersten richtigen Schriften entwickelten sich vor etwa 5 500 Jahren in Mesopotamien (wo heute der Irak ist) und etwas später auch in Ägypten. Doch damals konnten nur sehr wenige Leute lesen und schreiben. Im alten Ägypten gab es dafür sogar einen speziellen Beruf, den des Schreibers.

Um als Schreiber arbeiten zu können, musste man zwölf Jahre lang die Schulbank drücken!

Eindrucksvolle Anfänge

Ganz am Anfang schrieb man nicht auf Papier, sondern ritzte Zeichen in Wachstafeln, Tontafeln, auf Steinmonumente oder gleich auf ganze Gebäude. Im irakischen Elba wurde eine komplette Bibliothek aus Wachstafeln gefunden. (Jepp, auch damals gab's schon Büchereien... aber meine Bücher hätte man dort lange gesucht.) Die wahrscheinlich erste Drucktechnik der Welt, die bereits in Babylonien verwendet wurde, gibt es noch heute: Stempel. Dabei schnitzte man ein Muster oder ein Zeichen in einen Stein und presste ihn als Siegel in feuchten Ton. Oder man bestrich ihn mit einer frühen Form der Tinte (die man aus Schlamm oder anderen natürlichen Stoffen gewann) und stempelte den Abdruck irgendwohin. Manche Stempel und Siegelsteine waren in Ringe eingefasst und steckten an den Fingern wichtiger Menschen, die damit einzigartige Unterschriften hinterlassen konnten.

Echte Handarbeit

Lange, lange Zeit wurden Bücher überall auf der Welt nicht gedruckt, sondern von Hand verfasst. Wollte man ein Buch mehr als einmal haben, musste es Buchstabe für Buchstabe abgeschrieben werden. Aber davon ließen sich die alten Römer nicht abhalten – sie veröffentlichten trotzdem über 5000 Kopien ein und desselben Buchs, die sie allesamt von einer Schar Sklaven Seite für Seite kopieren ließen. Die wurden zwar nicht bezahlt, waren aber des Lesens und Schreibens mächtig. Unter den berühmtesten Handschriften, die bis heute erhalten geblieben sind, findet man auch illuminierte, also prächtig bebilderte Manuskripte aus mittelalterlichen Klöstern.

Weit im Osten

Die Kunst des Druckens entwickelte sich im Westen und im Osten auf unterschiedliche Weise und unterschiedlich schnell. Damals waren Ost und West nämlich noch voneinander abgeschnitten, sodass man sich nicht so leicht gegenseitig Ideen und Erfindungen stibitzen konnte! In China entdeckte man schon im 1. Jahrhundert nach Christus eine Methode, Bilder und Muster auf Kleidungsstücke zu drucken, und im folgenden Jahrhundert machte man dasselbe mit Wörtern.

Seite für Seite

Und was war das für eine Methode, die sich die Chinesen da ausgedacht hatten? Sie druckten mit sogenannten Druckstöcken, Holzblöcken, in die sie ganze Seiten voller Schriftzeichen geschnitzt hatten. Und zwar seitenverkehrt, sodass die Schriftzeichen richtig herum waren, wenn sie auf ein Stück Papier gepresst wurden. Im Jahr 972 wurde der Pali-Kanon, eine heilige Schrift der Buddhisten, mit dieser Technik gedruckt. Das waren unglaubliche 130 000 Seiten Text!

Bewegliche Lettern

Die Drucktechnik, die im 15. Jahrhundert im Westen einschlagen sollte wie eine Bombe, wurde schon im 2. Jahrhundert nach Christus von einem Chinesen erfunden. Ganze 1 300 Jahre früher! Dieser Chinese dachte sich: Ist es denn so clever, immer eine ganze Seite voller Wörter in einen Druckstock zu schnitzen? Man könnte doch auch bewegliche Schriftzeichen benutzen, die man immer wieder zu verschiedenen Sätzen zusammensetzt... Aber dabei gab es ein Problem: die chinesische Sprache. Im Chinesischen hat jedes Wort ein eigenes Schriftzeichen. Um alle deutschen Wörter,

Zahlen und Sätze zu bilden, die man jemals brauchen könnte, benötigt man bloß die 26 Buchstaben des Alphabets, die Umlaute, die Ziffern von null bis neun und eine Handvoll Satzzeichen – während es im Chinesischen bis zu 40 000 verschiedene Schriftzeichen gibt! Kein Wunder, dass die Chinesen sich nicht so recht für die neumodische Erfindung begeistern konnten und die beweglichen Schriftzeichen bald auf dem Abstellgleis landeten.

Papier! Papier!

Ein wichtiger Teil des Druckens ist das, was *be*-druckt wird. Im Westen schrieb man lange Zeit auf Papyrus (aus geflochtenen Gräsern) und Pergament (dünne, bearbeitete Tierhäute). Blöderweise war Papyrus zu empfindlich zum Bedrucken und Pergament war zu teuer. Doch mit dem Papier entwickelten die Chinesen im Jahr 105 nach Christus einen robusten und kostengünstigen Ersatz für Papyrus und Pergament. Papier kann man aus Baumrinde, Stroh, Blättern und sogar Lumpen herstellen!

Viel später im Westen ...

Doch die Erfindung des Papiers drang erst im 12. Jahrhundert bis zum Westen durch und dann brauchte man noch einmal 200 Jahre, bis man es in ganz Europa herzustellen wusste. Mitte des 15. Jahrhunderts war

Johannes Gutenberg

es plötzlich überall – auch im deutschen Mainz, wo Johannes Gutenberg lebte. Im Jahr 1450 soll Gutenberg die Druckerpresse erfunden haben, im Jahr 1455 begann er mit der Arbeit an seiner Gutenberg-Bibel. [Andere westliche Länder behaupten, einer der ihren hätte die beweglichen Lettern (Buchstaben) schon vor Gutenberg erfunden.] Aber selbst wenn das stimmen sollte, hätten sie es nicht so gut hinbekommen wie er. Einige Ausgaben der Gutenberg-Bibel ha-

William Caxton in seiner Werkstatt

ben bis heute überlebt und sind so schön, dass man sie beinahe mit echten illuminierten Handschriften verwechseln könnte. In null Komma nichts tauchten überall in Europa Druckerpressen auf. Schon im Jahr 1476 setzte der Engländer William Caxton seine Presse in Gang, weshalb viele Engländer meinen, er hätte die Drucktechnik erfunden. Irrtum! Gut, dass du es besser weißt.

Der Druck steigt

Die Chinesen hatten ihre Druckstöcke noch von Hand mit einer Art Wasserfarbe bestrichen und aufs Papier gepresst. Die westlichen Drucker benutzten dagegen von Anfang an haltbarere Farben aus Öl und bauten Druckerpressen, mit denen sie das Papier bombenfest und perfekt flach auf die Buchstaben schrauben konnten. Dabei lag das Papier im »Karren« und wurde mit dem »Tiegel« auf die Lettern gepresst. Leider ging das Drucken auf diese Weise nur sehr langsam vonstatten. Man konnte immer nur eine Seite auf einmal bedrucken und der Tiegel musste zwischen jedem Druckvorgang hoch- und dann wieder heruntergekurbelt werden. Im 17. Jahrhundert hatte jemand die schlaue Idee, am Tiegel Federn anzubringen, wodurch man ihn deutlich schneller heben und senken konnte, und um 1800 herum wurden die ersten Eisenpressen als Ersatz für die herkömmlichen Holzpressen konstruiert. Inzwischen wurde der Tiegel nicht mehr mit riesigen Schrauben, sondern mit Hebeln auf den Karren ge-

presst. Außerdem waren Eisenpressen viel größer, sodass man mehrere Seiten zugleich auf einem riesigen
Papierbogen drucken konnte, den man danach gefaltet
zu den Seiten eines Buchs schnitt.

Unter Hochdruck voran

Im Westen druckte man anfangs vor allem religiöse
Texte und besonders bedeutsame Werke. Doch mit der
Zeit wurde das Drucken billiger und so stellte man
auch Tausende von Flugschriften her, die jeden noch
so abwegigen politischen Standpunkt vertraten. Immer mehr Zeitungen wurden gegründet, die immer
größere Druckmaschinen benötigten. Im 19. Jahrhundert tauchten die ersten Druckerpressen auf, die mit
Dampfkraft betrieben wurden, und sogar Pressen, die
beide Seiten eines Blatts zugleich bedrucken konnten.
Der amerikanische Erfinder William A. Bullock ließ
sich 1863 die erste Presse für den Zeitungsdruck patentieren, die keine flachen Blätter, sondern riesenhafte Papierrollen verarbeitete. Und 1871 hatte ein anderer Amerikaner namens Richard March Hoe bereits eine Rotationsdruckmaschine entwickelt, die unfassbare
18 000 Zeitungen pro Stunde ausspuckte!

Bitte setzen!

Durch die Erfindung der Linotype-Setzmaschine im
Jahr 1886 und der Monotype-Setzmaschine, die seit
den 90er-Jahren des 19. Jahrhunderts im Druckwe-

Eine lithografische Druckerpresse, um 1860

sen benutzt wurde, konnten die Metalllettern deutlich
schneller »gesetzt«, also an die richtige Stelle gebastelt
werden. Die Linotype-Maschine konnte ganze Zeilen
auf einmal gießen, während die Monotype-Maschine
einen Buchstaben nach dem anderen herstellte. Dadurch konnte sie die einzelnen Buchstaben wiederver-
wenden, und das auch noch rasend schnell. Doch in
den 50er-Jahren wurden die ersten Fotosetzmaschinen
entwickelt, die keine richtigen Me-
tallbuchstaben mehr setzten, sondern fotografische Negative des
Texts produzierten. Damit konnte
man wie bei der normalen Fotografie Platten herstellen, nur dass
es diesmal lithografische Platten wa-

ren. In den 60er-Jahren hatte der Fotosatz das tradi-
tionelle Drucken, mit dem die Leute etwa 500 Jahre
lang rundum zufrieden gewesen waren, fast vollständig verdrängt.

Computermagie

Doch mit einem Schlag wurde die Welt des Druckens
noch einmal auf den Kopf gestellt. Und wer war diesmal
schuld? Der Computer. Computer können praktisch alles: Text setzen, Fotografien einscannen, diese aufmö-
beln und alles zusammen auf ein Stück Film oder direkt
auf eine Druckplatte packen. Im späten 20. Jahrhundert
machte die Computertechnik so rasante Fortschritte,
dass plötzlich auch ganz normale Leute am heimischen
PC hochwertige Dokumente ausdrucken konnten. Doch
seit es Internet und E-Mails gibt, muss man gar nicht
mehr so viel Text auf Papier ausdrucken. Viele Zeitungen und Zeitschriften gibt es gar nicht mehr »zum An-
fassen«, sondern nur noch online auf dem Computermonitor. Seit Gutenberg und den Chinesen
haben wir es unglaublich weit gebracht.
Ein durchschnittlicher Mensch des 14.,
15., 16. und sogar 17. Jahrhunderts kam in seinem ganzen
Leben nicht an so viele
Informationen, wie in
einer Ausgabe einer mo-
dernen Sonntagszeitung
stecken!

Der Computer

Datum: Geheimsache, Bletchley Park, England

Der Zweite Weltkrieg ist vorbei. In Bletchley Park, wo das Project X beheimatet ist, hat die Arbeit ein Ende. Auf Befehl von Premierminister Winston Churchill werden sämtliche Hinweise auf die Geheimoperation zerstört. Darunter ist auch der erste programmierbare Computer der Welt – ein Computer, der eine dermaßen hohe Geheimhaltungsstufe hat, dass der Rest der Welt erst 1974, beinahe 30 Jahre später, davon erfahren wird!

Colossus, der erste Computer der Welt, in Bletchley Park

Rechenmaschinen

Als es noch keine PCs, keine E-Mails und kein Internet gab, hatten Computer hauptsächlich eine Aufgabe: rechnen. Sie mussten mit Zahlen und anderen Daten rechnen, weshalb sie auch heute noch manchmal »Rechner« genannt werden (und »Computer« ist »Rechner« auf Englisch). Deswegen könnte man sogar behaupten, dass der Abakus (bei dem verschiedene Kugeln in einem Rahmen für Zehner, Hunderter oder andere Einheiten stehen) ein sehr früher Computer ist. Sogar ein sehr, *sehr* früher Computer, denn es gibt ihn schon seit 5000 Jahren (seit 3000 v. Chr. ungefähr). Aber das ist doch kein richtiger Computer! Oder etwa doch? Und wie sieht es mit der »Rechenuhr« aus, die der Deutsche Wilhelm Schickard 1623 konstruierte? Schickard behauptete, seine Erfindung könnte zwei beliebige sechsstellige Zahlen miteinander malnehmen, und das kriegt nicht mal mein Taschenrechner hin (weil das Ergebnis nicht auf die Anzeige passt). 1960 wurde Schickards Rechenuhr nachgebaut – und sie funktionierte tatsächlich! Kurz nach Schickard, im Jahr 1642, bastelte der Franzose Blaise Pascal seine »Pascaline«-Maschine, die jedoch mit wenig Erfolg gesegnet war, da sie ständig hängen blieb. (Was seinen Mitmenschen wahrscheinlich nur recht war. Pascals Vater war nämlich Steuereintreiber und Pascal hatte die Maschine erfunden, damit sein Va-

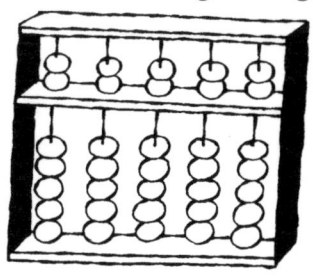

ter leichter ausrechnen konnte, wie viel Geld er den
Leuten abknöpfen musste!) 1673 baute ein gewisser
Gottfried Leibniz (auch ein Deutscher) dann eine sehr
brauchbare Rechenmaschine, die nicht nur malnehmen, zusammenzählen und abziehen, sondern auch
teilen konnte. War das vielleicht der erste Computer
der Welt?

Babbage, der Vater des Computers

Charles Babbage, 1843

Die Antwort auf diese Frage lässt sich wohl nicht end-
gültig klären, doch die meisten Experten sind sich einig
(unglaublich, was?), dass der
»Vater des Computers« niemand anderes war als der
Engländer Charles Babbage
(1791–1871). Babbage war
ein wahrhaft brillanter Kopf.
Er war so genial, dass ihm
die britische Regierung 17 000
Pfund für den Bau einer furchtbar komplizierten Rechenmaschine gab, die er »Differenzmaschine« nannte.
17 000 Pfund waren damals eine Riesensumme, doch
nach zehn Jahren ging ihm trotzdem das Geld aus und
die Regierung wollte nichts mehr rausrücken. Babbages Entwurf war tadellos, doch seine mechanische
Rechenmaschine spuckte immer wieder falsche Ergebnisse aus. Warum? Ganz einfach: Weil die Technik

des 19. Jahrhunderts seinen Vorstellungen meilenweit hinterherhinkte. Damals konnte man noch gar nicht verwirklichen, was ihm vorschwebte, und so musste er manchmal auch noch die Werkzeuge zur Herstellung bestimmter Teile seiner Maschine erfinden.

Noch ein brillanter Fehlschlag

1833 gab Babbage die Differenzmaschine auf und dachte sich stattdessen eine »analytische Maschine« aus. Die war noch brillanter als ihre Vorläuferin, aber diesmal konnte er nicht einmal davon träumen, sie auch wirklich zu bauen und fertigzustellen! Die analytische Maschine hätte viele verschiedene Funktionen bewältigen, die Ergebnisse speichern und dann auf Papier ausdrucken können. Zu schade, dass er den Entwurf nicht in die Tat umsetzen konnte! Babbages Wunschtraum hätte genau dasselbe gemacht wie unsere modernen elektronischen Computer, doch leider blieb er ein Genie, das nicht vom Fleck kam.

Und noch eine Weltneuheit

Babbage hatte eine wertvolle und ebenso geniale Mitarbeiterin: Ada Byron, die Countess of Lovelace, auch bekannt als Lady Ada Lovelace. Lady Ada war die erste echte Programmiererin der Welt! Zur Programmierung von Babbages »analytischer Maschine« entwickelte sie frühe Vorläufer der Programmiersprache, die heute noch auf Computern eingesetzt wird.

Lady Ada Lovelace, 1840

Dabei benutzte sie Karten, in die reihenweise Löcher gestanzt waren. Diese Lochkarten und später -streifen wurden zu einem wichtigen Teil von Computern, aber ursprünglich waren sie dazu da, Webstühle auf das Weben bestimmter Muster zu programmieren! Ganz zu schweigen vom Geheimnis des erstaunlich musikalischen Pianolas, das wir schon auf Seite 98 vorgestellt haben... Traurigerweise konnte Babbage jedoch keine fertige, funktionierende Maschine vorweisen, obwohl er 37 Jahre lang an der »analytischen Maschine« gearbeitet hatte – was ihm nur Hohn und Spott einbrachte. Und Lady Ada, die für ihr Leben gern um Geld spielte, besaß bei ihrem Tod keinen Penny. Im Jahr 1991, rechtzeitig zum 200. Jahrestag von Babbages Geburt, fertigte das Londoner Science Museum eine Nachbildung seiner Differenzmaschine aus modernen, maschinell hergestellten Bauteilen an. Das Kunstwerk setzte sich aus über 4000 Einzelteilen zusammen, brachte über drei Tonnen auf die Waage und funktionierte *tadellos!*

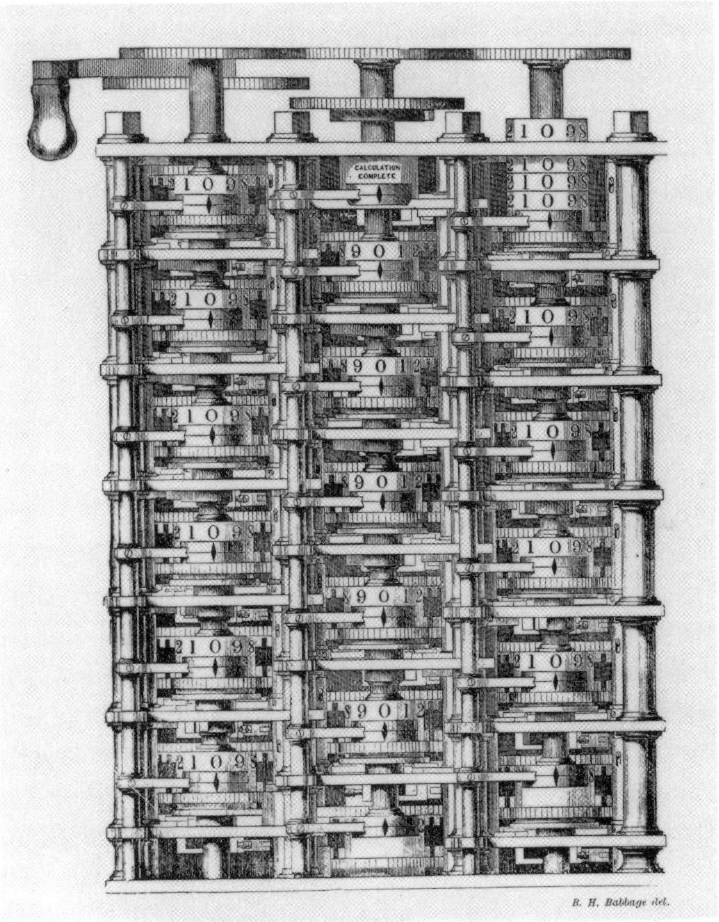

![Charles Babbages Differenzmaschine Nr. 1]

B. H. Babbage del.

Charles Babbages Differenzmaschine Nr. 1

Der Durchbruch

Im Jahr 1941 war es endlich so weit: Colossus, der erste rein elektrische und programmierbare Computer der Welt, war geboren. Was nur leider kaum jemand mitbekam und noch weniger Menschen durften den

fertigen Rechner persönlich kennenler-
nen. Entworfen und konstruiert wurde Colossus vom Engländer Tommy
Flowers, Mitglied eines Teams, das
unter der Führung von Alan Turing
in Bletchley Park im englischen
Woking arbeitete. Turing war
ein genialer Mathematiker,
Code-Knacker und Vorreiter
der Computertheorie. Aber
warum wurde Colossus so still
und leise entwickelt? Weil er
die geheimen Nachrichten der

*Die Enigma-Verschlüsse-
lungsmaschine aus den
30er-Jahren*

Nazis im Zweiten Weltkrieg entschlüsseln sollte. Bei
frühen Testläufen gelang es dem Koloss, einen Papierstreifen mit einer unglaublichen Geschwindigkeit
von beinahe 100 Kilometern Band pro Stunde optisch
auszulesen! Colossus war riesengroß und arbeitete mit
Elektronenröhren, die extrem heiß wurden. Im kalten
Winter hielten sich die Angestellten daher gerne im
Computerraum auf, im heißen Sommer eher nicht.
Außerdem eignete sich
Colossus' Höhle per-
fekt zum Wäsche-
trocknen!

STRENG
GEHEIM

Pssst!

Selbst nach dem Krieg blieb Colossus absolute Geheimsache und so verkündete ein amerikanischer Richter 1973 im Rahmen eines Rechtsstreits um ein Patent, dass der erste Computer der Welt 1942 von einem Amerikaner namens Atanasoff konstruiert worden wäre. Der gute Mann wusste einfach nichts von Tommy Flowers' bemerkenswerter Leistung und niemand durfte ihn darüber aufklären! Flowers selbst war gelernter Ingenieur für Telefontechnik und da er niemandem von seiner Erfindung erzählen konnte, musste er nach dem Krieg wohl oder übel in seinen alten Beruf zurückkehren. Erst 1974, als ein Buch veröffentlicht wurde, das gegen die strenge Geheimhaltungspflicht verstieß, kam sein erstaunliches Geheimnis ans Licht.

Liebling, ich habe den Computer geschrumpft!

Der erste Computer für alle möglichen Einsatzgebiete, der von 1943 bis 1945 an der University of Pennsylvania in den USA konstruiert wurde, hieß ENIAC (was für Electronic Numerical Integrator And Computer stand). Im Gegensatz zu Colossus konnte ENIAC verschiedenste Aufgaben bewältigen. Schon bald bastelten immer mehr Leute Computer, die jedoch allesamt riesengroß waren, weil sie ebenfalls aus Röhren bestanden... bis 1947 der Transistor erfunden wurde. Der Transistor ging auf das Konto von drei Amerikanern – Brattain, Bardeen und Schockley – und wirbelte die Welt von Computer, Radio und Co. dermaßen durcheinander, dass die Herren 1956 mit dem Nobelpreis ausgezeichnet wurden. Warum? Weil die winzigen Transistoren den Platz der großen, zerbrechlichen und heiß laufenden Röhren einnehmen konnten.

Mmmhhh, Chips! Lecker!

Der nächste große Schritt nach vorne kam im Jahr 1969, als die Transistoren ihrerseits durch Mikrochips ersetzt wurden (»mikro« – na, weil sie so klein sind). Erst mit dieser Erfindung brach das Zeitalter unserer heutigen Computer an. 1975 konnte jedermann den Altair erwerben, den ersten Heimcomputer der Welt. Aber den würde heute kein Mensch mehr für einen Computer halten! Zuerst einmal wurde er als Bausatz ausgeliefert, den man selber zusammenbasteln musste. Zweitens hatte er keinen Bildschirm und drittens hatte er nicht mal eine Tastatur mit der üblichen QWERTZ-Tastenanordnung! Der Altair bestand praktisch nur aus Kippschaltern und blinkenden Lichtern. Trotzdem wurde schon für den Altair-Computer eine erste Version der BASIC-Programmiersprache entwickelt. Und zwar von zwei Studenten der Universität Harvard: Paul Allen und Bill Gates.

Neuerungen über Neuerungen

Im Jahr 1980 strahlte die britische Rundfunkanstalt BBC eine Fernsehsendung über Computer aus. Aus diesem Anlass ließ sie von der Firma Acorn BBC-Computer herstellen, von denen sie so um die 10 000 Stück verkaufen wollte. Tatsächlich brachte sie über eine Million Rechner an den Mann! Auch der Sinclair Spectrum von Sir Clive Sinclair war ein Riesenhit, vor allem weil er farbige Grafik ausgeben konnte. 1981 kam IBMs PC (Personal

Ein Sinclair ZX Spectrum, 1982

Computer) auf den Markt, der bereits im Wesentlichen aussah wie moderne Computer-Hardware, und 1984 folgte der Macintosh von Apple. Apple Macs waren einfacher zu bedienen als IBM-PCs, da sie leicht verständliche Symbole anzeigten und der Benutzer weniger Befehle eintippen musste. Um diesen Vorteil wettzumachen, holte IBM 1985 mit Microsoft Windows ein ähnliches Betriebssystem ins Boot. Microsoft war von Bill Gates und Paul Allen gegründet worden, die mittlerweile ihr Studium hingeschmissen hatten. Sie wollten lieber daran arbeiten, »einen Computer auf jeden Schreibtisch und in jedes Haus« zu stellen. Heute laufen die meisten Computer mit Windows und Bill Gates gehört zu den reichsten Leuten der Welt.

Und jetzt?

Moderne Computer haben wenig Ähnlichkeit mit ihren klobigen Vorfahren. Für Berechnungen, an denen ein zimmergroßer Computer früher tagelang geknobelt hätte, braucht ein Laptop, der locker in eine Aktentasche passt, nur ein paar Minuten! 1943 dachte Thomas Watson von IBM noch, dass die ganze Welt mit fünf Computern auskommen müsste. Irrtum! Heute besitzen Millionen Leute einen eigenen Computer und manche wickeln damit sogar ihren täglichen Einkauf ab! Es gibt sogar Computer, die durch Sprachausgabe reden können. Und Computer, die durch Spracherkennung zuhören können…

Das World Wide Web

Aber natürlich kann man nicht über die Erfindung des Computers reden, ohne die Erfindung des Internets zu erwähnen. Schon in den 60er-Jahren wurden Computer in Militärstützpunkten überall in den USA durch ein Netzwerk verbunden. In den  70ern machten es amerikanische Universitäten den Streitkräften nach und bald auch Universitäten in anderen Ländern. Doch erst in den 80ern, als Computer aus verschiedenen Ländern miteinander vernetzt wurden, war das Internet geboren. Damals musste man aber noch die Adresse eines bestimmten Computers kennen, wenn man sich übers Netz mit ihm unterhalten wollte. In den 90ern entwickelte Tim Berners-Lee, der an der großen Forschungseinrichtung CERN in der Schweiz arbeitete, dann den ersten Webbrowser der Welt. Man musste das Programm nur mit einem Namen oder einem anderen Stichwort füttern und schon durchsuchte es das Netz nach passenden Einträgen. Plötzlich konnte jeder im World Wide Web (WWW) surfen! Heute gibt es über 970 Millionen Surfer...

Sie sind überall!

Das Erstaunliche an Computern ist, *wie schnell* sie (fast) alles verändert haben, was man als Mensch so macht. Brauchst du ein bisschen Bargeld? Geh zum Geldautomaten. Suchst du ein Buch in der Bücherei? Schau im elektronischen Katalog nach. Willst du wissen, wie schnell ein Läufer beim 100-Meter-Lauf war? Wirf einen Blick auf die digitale Stoppuhr. Willst du eine Rakete steuern? Ein Flugzeug fliegen? Die Zentralheizung aufdrehen? Einen Urlaub buchen? Die Durchblutung und den Puls eines Patienten im Krankenhaus im Auge behalten? Oder seine Medikamente einstellen? Ein Lied aufnehmen? Ein Foto speichern? All das und noch viel mehr kann man mit Computern erledigen. Und womöglich wird es bald eine neue Sorte Computer geben,

die selbstständig denken kann? Vielleicht solltest du
mal einen Computer fragen, was er davon hält. Aber
sei lieber nett zu ihm.

Glossar

Ampere: Einheit für die Stromstärke, die benötigt wird, um eine bestimmte Kraft zwischen zwei Drähten entstehen zu lassen, so gibt es zum Beispiel Stecker für bis zu 13 Ampere. Benannt nach André Ampère.

Auftrieb: Die Schwerkraft zieht alles (auch Flugzeuge) nach unten, Richtung Boden. Der Auftrieb ist die Kraft, die gegen die Schwerkraft arbeitet und Flugzeuge am Himmel hält. Auftrieb entsteht, wenn Flügel und Propellerblätter mit einem bestimmten Profil (einer bestimmten Form) die Luft durchschneiden. (Betrachtet man einen Flügel oder ein Propellerblatt von der Seite, sieht man, dass die Oberseite stärker gewölbt ist als die Unterseite.)

Batterie: Gerät, das chemische Energie in elektrische Energie umwandelt – durch eine chemische Reaktion, die Elektronen zum Fließen bringt.

Chirurg: Arzt, der bestimmte Operationen vornimmt, zum Beispiel an inneren Organen.

Diktator: Alleinherrscher

Duroplastischer Kunststoff: Plastik, das beim Erhitzen nicht schmilzt.

Elektrischer Widerstand: stellt sich dem Fließen von Strom entgegen.

Elektronenröhre: elektronisches Bauteil, in dem ein Vakuum herrscht. Steuert den Elektronenfluss in einem elektrischen Schaltkreis.

Element: chemischer Grundstoff, den man nicht in weitere Stoffe aufteilen kann.

Expedition: Reise in unerforschtes oder gefährliches Gebiet.

Faksimile: eine sehr exakte Kopie.

Farad: elektrische Einheit, die nach Michael Faraday benannt wurde.

Farbenblind: Farbenblinde Menschen können bestimmte Farben nicht unterscheiden.

Filmtransport: Die Bewegung des Filmstreifens durch die Kamera oder durch den Projektor.

Gönner: Unterstützt andere bei der Forschung oder bei künstlerischen Tätigkeiten.

Hardware: die Elektronik und die sonstige technische Ausstattung eines Computers, zum Beispiel der Monitor, die Tastatur und die Festplatte. Gegenstück zur Software.

Harz: Flüssigkeit in Bäumen und Pflanzen. Baumharz verhärtet sich oft zu einer klebrigen Masse.

Immunität: Ist man gegen eine Krankheit immun, können einem die entsprechenden Krankheitserreger nichts anhaben.

Infektion: Keime gelangen in den Körper gelangen und man wird krank.

Interkontinentalrakete: eine Rakete, die über 5500 km zurücklegen kann. Oft mit Atomsprengköpfen ausgestattet.

Irrglaube: Vorstellung, die von vielen Leuten geteilt wird, aber nicht der Wahrheit entspricht.

Isolieren (in Bezug auf Elektrizität)**:** dafür sorgen, dass kein Strom fließt.

Ketzerei: Ideen oder Aussagen, die gegen den offiziellen Glauben der Kirche verstoßen.

Kolonisten: Menschen, die eine Kolonie (Siedlung auf fremdem Gebiet) gründen und dort leben.

Kommerziell: alles, was mit Handel und Geschäften zu tun hat.

Konquistadoren: Spanier, die im 16. Jahrhundert Teile Amerikas eroberten.

Konvex: nach außen gewölbt.

Kreuzen: zwei verschiedene Arten/Sorten von Tieren oder Pflanzen miteinander fortpflanzen.

Lasttier: Tier, das zum Tragen von Lasten eingesetzt wird. Meist Esel, Maultiere, Pferde oder Ochsen.

Leiter: Material, durch das elektrischer Strom ungehindert fließen kann.

Lithografische Platte: Druckplatte, auf der bestimmte (meist wie Buchstaben geformte) Stellen Tinte annehmen, während die Umgebung Tinte abstößt.

Luftfeuchtigkeit: Anteil des aufgelösten Wassers in der Luft. Kann bei Hitze besonders hoch sein.

Luftwiderstand: Kraft, mit der sich die Luft einem fallenden Gegenstand entgegensetzt und ihn abbremst.

Manuskript: von Hand geschriebenes Buch, Handschrift.

Masse: die Menge an physischem Material, die ein Gegenstand enthält. Wird meist in Gramm und Kilogramm angegeben. Oder auch: die breite Bevölkerung. Ganz viele von uns!

Membran: eine dünne Scheibe, die durch Schallwellen zum Schwingen gebracht wird und den Schall so in elektrische Signale umwandelt. Oder andersherum: eine dünne Scheibe, die elektrische Signale durch ihr Schwingen in Schallwellen umwandelt.

Microchips: winzige Siliziumteile mit aufgedruckten elektronischen Schaltkreisen.

Molekül: in der Regel mindestens zwei miteinander verbundene Atome.

Monarch: König oder Königin.

Motiv: das, was auf einem Foto (oder einem Bild) zu sehen ist.

Mysterium: Geheimnis, Rätsel.

Nadel: ein spitzer Gegenstand. Zum Beispiel die Nadel eines Plattenspielers, die oft eine Diamantspitze hat.

Nationalsozialismus: Weltbild Adolf Hitlers und seiner Partei sowie die dazugehörige politische Bewegung.

Nebenwirkungen: Wirkungen, die neben den eigentlich beabsichtigten Wirkungen auftreten. Nebenwirkungen lauter Musik können Kopfschmerzen und Ohrenklingeln sein.

Nobelpreis: Jährlich vergebene Auszeichnung für herausragende Leistungen auf den Gebieten der Physik, Chemie, Physiologie/Medizin, Literatur und inzwischen auch Wirtschaft. Wird von einem internationalen Komitee in Schweden vergeben. Der Friedensnobelpreis wird in Norwegen verliehen.

Nucleus (Mehrzahl: Nuclei)**:** Kern eines Atoms, der aus Protonen und Neutronen besteht.

Optisch: unter Verwendung von Licht.

Parallel: nebeneinander, in der gleichen Richtung verlaufend. Zwei waagrechte Linien sind parallel.

Patent: das alleinige Recht auf eine Erfindung. Hat man ein Patent angemeldet, darf kein anderer die Erfindung herstellen oder verkaufen.

Phänomen: Ereignis, Vorgang.

Pony Express: ein Postdienst im »Wilden Westen«. Briefe wurden auf einer Route von Missouri nach Kalifornien von Reiter zu Reiter weitergegeben. Am erfolgreichsten von 1860 bis 1861. Und erstaunlich schnell!

Projizieren: ein Bild mit Licht auf eine Leinwand werfen.

Puritaner: Anhänger einer bestimmten Form des christlichen Glaubens.

Quecksilber: ein flüssiges Metall, das zum Beispiel in vielen Thermometern steckt.

QWERTZ: Deutsche Tastaturen haben eine QWERTZ-Tastenanordnung; die oberste Buchstabenreihe beginnt mit diesen sechs Buchstaben.

Radioaktiver Niederschlag: Nachwirkung bzw. Nebenwirkung einer Kernexplosion.

Rotor: die rotierenden Flügel eines Hubschraubers, die an einer zentralen Achse befestigt sind. Der Rotor erzeugt den Schub und den Auftrieb, die der Hubschrauber zum Fliegen braucht.

Satellit: von Menschenhand geschaffene Apparatur in einer Umlaufbahn um die Erde, die Signale sendet und empfängt. Oft werden diese Signale von Satellitenschüsseln empfangen oder gesendet.

Schub: Antriebskraft; schiebt Hubschrauber und Flugzeuge nach vorne.

Schwingung: Zittern, Beben; Bewegung vor und zurück, hin und her.

Siegel: ein bestimmtes Zeichen, das wie eine Unterschrift auf wichtige Dokumente gestempelt wird. Oft in einen Siegelring eingefasst.

Software: das Betriebssystem eines Computers und die entsprechenden Programme, Gegenstück zur Hardware.

Sowjetunion: Union der Sozialistischen Sowjetrepubliken. Ein Staat, der sich von Osteuropa bis nach Nordasien erstreckte und unter russischer Führung stand. Auch als UdSSR bekannt. Wurde 1991 aufgelöst.

Spektrum: Bandbreite. Zum Beispiel die Bandbreite der Farben, aus denen weißes Licht besteht: Rot, Orange, Gelb, Grün, Blau, Violett.

Statistik: Sammlung von Zahlen und anderen Informationen, in der sich oft ein bestimmtes Muster abzeichnet.

subatomar: kleiner als ein Atom. Beispiele für subatomare Teilchen sind Elektronen, Protonen und Neutronen.

Substanz: Stoff oder Material.

Theorie: ein Gedankengebäude, das noch nicht bewiesen ist.

Urin: vornehmes Wort für »Pipi«.

Vakuum: ein Raum ohne Gas und Luft. Im Weltraum herrscht Vakuum.

Verfassung: die schriftlich festgehaltenen Rechte der Bewohner eines Landes und seiner Regierung.

Virus: Organismus, der sich innerhalb von Körperzellen vervielfältigt und oft Krankheiten verursacht.

Volkszählung: große Befragung der Bürger eines Landes, bei der verschiedene Informationen über die Bevölkerung gesammelt werden.

Volt: Die elektrische Spannung von 1 Volt zwischen zwei Punkten liegt vor, wenn bei einem Strom von 1 Ampere zwischen diesen beiden Punkten die Leistung von 1 Watt umgesetzt wird. Nach Alessandro Volta benannt.

Watt: Einheit für die elektrische Leistung (zum Beispiel einer 60-Watt-Glühbirne).

Wochenschau: Zusammenfassung von Nachrichten im Kino, die jede Woche neu zusammengestellt wurde. Vorläuferin der Fernsehnachrichten.

Zivilisation: Eine bestimmte Entwicklungsstufe der Bevölkerung eines Gebiets; auch allgemein die Entwicklungsstufe der Menschheit.

Liste der Genies, die in diesem Buch genannt werden *

Acres, Birt (1854–1918): Entwickler einer kommerziell einsetzbaren Filmkamera; 1896 erste Filmvorführung in London

Albert Einstein (1879–1955): Erfinder der Relativitätstheorie

Allen, Paul (1953–heute): Entwickler der BASIC-Programmiersprache; Mitgründer des Softwareunternehmens Microsoft

Ampère, André-Marie (1775–1836): Forscher des Elektromagnetismus; Namensgeber einer elektrischen Einheit–Ampere

Atanasoff, John (1903–1995): Erfinder des Computers

Babbage, Charles (1791–1871): Erfinder der Rechenmaschine »Differenzmaschine« und der analytischen Maschine

Bacon, Roger (1214–1292): entdeckte, dass Luft Gefährte tragen kann.

Baird, John Logie (1888–1946): Erfinder des Fernsehers

Becquerel, Antoine-Henri (1852–1908): Entdecker der Radioaktivität

Bell, Alexander Graham (1847–1922): Erfinder des Telefons; Erfinder des elektrischen Hörgeräts; Gründer einer Schule für Taubstumme

Bennett, Charles (Daten unbekannt): Fotograf, erfand 1878 die trockene Fotoplatte.

Benz, Carl (1844–1929): erfand im Jahr 1885 das erste brauchbare Automobil.

Berdeen, John (1908–1991): Erfinder des Transistors

Berliner, Emile (1851–1929): Erfinder des Grammofons und der Schallplatte; baute mit seinem Sohn Henry das erste von motorbetriebenen Rotoren angetriebene Fluggerät.

Berners-Lee, Tim (1955–heute): Erfinder der HTML (Hypertext Markup Language); Begründer des World Wide Web

---

* Ja, du hast recht. Es sind mehr als 100 Namen in dieser Liste. Aber »Das Buch der 139 Genies« hätte sich irgendwie blöd angehört, oder?

Blanchard, Jean-Pierre (1753–1809): absolvierte den ersten erfolgreichen Fallschirmsprung im Jahr 1793.

Brattain, Walter H. (1902–1987): Erfinder des Transistors

Bullock, William A. (1813–1867): Entwickler der mit Dampfkraft betriebenen Druckerpresse

Caxton, William (1422–1491): erster englischer Buchdrucker

Cayley, Sir George (1773–1857): erbaute das erste Segelflugzeug.

Chadwick, James (1891–1974): Entdecker des Neutrons

Chain, Ernst Boris (1906–1979): war an der Entdeckung des Penizillins beteiligt.

Crick, Francis (1916–2004): Entdecker der Molekularstruktur der DNA

Cugnot, Nicholas (1725–1804): Entwickler der ersten beweglichen Dampfmaschine

Curie, Marie (1867–1934): Entdeckerin der radioaktiven Elemente Polonium und Radium

Curie, Pierre (1859–1906): Entdecker der radioaktiven Elemente Polonium und Radium

D'Arlandes, Marquis (1742–1809): flog 1783 als Passagier bei der ersten bemannten Luftfahrt mit einem Heißlutballon mit.

Da Vinci, Leonardo (1452–1519): entwarf Flugmaschinen; Erfinder des Propellers

Daguerre, Louis (1787–1851): Forscher und Erfinder der Daguerrotypie auf dem Gebiet der Fotografie

Daimler, Gottlieb (1836–1900): Entwickler des ersten Benzimotors; Entwickler des ersten vierrädrigen Kraftfahrzeugs mit Verbrennungsmotor; baute mit Wilhelm Maybach den ersten Mercedes.

Dalton, John (1766–1844): Atomforscher

Davy, Sir Humphry (1778–1829): Wegbereiter der modernen Elektrochemie; forschte auf dem Gebiet der Fotografie.

De La Warr XIII, Earl (Daten unbekannt): ließ 1902 das erste Autorennen in Bexhill-on-Sea stattfinden.

Demokrit (ca. 459 v. Chr.–ca. 380 v. Chr.): Philosoph / früher »Atom«-Forscher

Dickson, William (1860–1935): Entwickler des Kinetographen und Kinetoskops; Erfinder des zahnradartigen Systems zum Filmtransport

Diesel, Dr. Rudolf (1858–1913): Erfinder des Dieselmotors

Du Fay, Charles François de Cisternay (1698–1739): Entdecker der positiven und negativen Ladung von Teilchen

Dunlop, John Boyd (1840–1921): Erfinder des luftgefüllten Gummireifens

Eastman, George (1854–1932): Erfinder der Kodak-Boxkamera und des zugehörigen Rollfilms

Edison, Thomas (1847–1931): Erfinder der Glühbirne; Erfinder des Phonographen

Epikur (341 v. Chr.–271 v. Chr.): Philosoph / früher »Atom«-Forscher

Faraday, Michael (1791–1867): Entdecker der elektromagnetischen Induktion

Fermi, Enrico (1901–1954): Erfinder des Kernreaktors

Fleming, Alexander (1881–1955): Entdecker des Antibiotikums Penizillin

Florey, Howard Walter (1898–1968): Entdecker des Antibiotikums Penizillin

Flowers, Tommy (1905–1998): Entwickler der Colossus

Focke, Heinrich (1890–1979): Entwickler des ersten brauchbaren Hubschraubers

Ford, Henry (1863–1947): Gründer des Automobilherstellers Ford Motor Company; Erfinder des Fließbands

Franklin, Benjamin (1706–1790): Erfinder des Blitzableiters

Franklin, Rosalind (1920–1958): machte das erste Foto eines DNA-Moleküls.

Frisch, Otto (1904–1979): Entdecker der Kernspaltung

Gábor, Dennis (1900–1979): Erfinder der Holografie

Galilei, Galileo (1564–1642): Machte bahnbrechende Entdeckungen auf dem Gebiet der Naturwissenschaften; berühmt, weil er das herrschende Weltbild verneinte und erklärte, die Erde kreise um die Sonne, nicht umgekehrt.

Gates, Bill (1955–heute): Entwickler der BASIC-Programmiersprache; Mitgründer des Softwareunternehmens Microsoft

Giffard, Henri (1825–1882): Entwickelte den Zeppelin; erster Pilot des ersten Zeppelinflugs

Gilbert, William (1544–1603): Wegbereiter auf dem Gebiet der Elektrizität

Glenn, John (1921–heute): erster Raumfahrer, der die Welt in einem Raumschiff umkreiste.

Goodyear, Charles (1800–1860): Entdecker des Vulkanisierens; Erfinder des Hartgummis

Gray, Elisha (1835–1901): Erfinder des Telefons, jedoch wurde sein Patent nicht angenommen.

Gutenberg, Johannes (1400–1468): Erfinder des modernen Buchdrucks und der Druckerpresse

Guthrie, Samuel (1782–1848): Entwickler des Narkosemittels Chloroform

Hahn, Otto (1879–1968): Entdecker der Kernspaltung

Hoe, Richard March (1812–1886): Erfinder der Rotationsdruckmaschine

Jenner, Edward (1749–1823): Entwickler der modernen Schutzimpfung gegen Pocken

Kopernikus, Nikolaus (1473–1543): Beschrieb das heliozentrische Weltbild des Sonnensystems

Land, Edwin (1909–1991): Erfinder der Polaroid-Kamera

Langley, Samuel (1834–1906): konstruierte ein mit Maschinenkraft betriebenes Flugzeug; Erfinder des Bolometers

Leibniz, Gottfried (1646–1716): Entwickler einer brauchbaren Rechenmaschine

Lenoir, Étienne (1822–1900): Entwickler des Gasmotors

Leukipp (5. Jhd. v. Chr.): früher Atomforscher

Lilienthal, Otto (1848–1896): unternahm erste erfolgreiche Gleitflüge mit einem Flugzeug.

Lister, Joseph (1827–1912): Entwickler des Desinfektionsmittels

Lord Northcliff, Alfred Harmsworth (1865–1922): Gründer der Zeitung Daily Mail

Lovelace, Lady Ada (1815–1852): Die erste echte Programmiererin; half Charles Babbage bei der Entwicklung der analytischen Maschine.

Lumière, August (1862–1954): Begründer des Kinos; Erfinder des Cinématographen

Lumière, Louis (1864–1948): Begründer des Kinos; Erfinder des Cinématographe

Marcus, Siegfried (1831–1898): Erfinder des Automobils

Martin, Sir James (1893–1981): Erfinder des Schleudersitzes

Maxwell, James Clerk (1831–1879): Entwickler der ersten Farbfotografie im Jahr 1861

Maybach, Wilhelm (1846–1929): baute in Zusammenarbeit mit Gottlieb Daimler den ersten Mercedes.

Meitner, Lise (1878–1968): Entdeckerin der Kernspaltung

Mendel, Gregor (1822–1884): Genetiker und Entdecker der nach ihm benannten mendelschen Regeln; Wegbegründer der modernen Genforschung

Montagu, Mary Wortley (1689–1762): Schriftstellerin; ließ ihre Kinder mit zahmen Pocken infizieren; Wegbereiterin der Impfung

Montgolfier, Étienne (1745–1799): Erfinder des Heißluftballons

Montgolfier, Joseph (1740–1810): Erfinder des Heißluftballons

Morse, Samuel (1791–1872): Entwickler des ersten Schreibtelegrafen und des passenden Codes dazu – den Morsezeichen

Muybridge, Eadweard (1830–1904): bekannt durch seine Reihenfotografien und Serienaufnahmen; bedeutendster früher Vertreter der Chronofotografie; Erfinder des Zoopraxiskopes

Newcomen, Thomas (1663–1729): Erfinder der ersten Dampfmaschine

Newton, Isaac (1642–1726): Entdecker der Schwerkraft

Niépce de Saint-Victor, Claude Félix Abel (1805–1870): Forscher und Entwickler auf dem Gebiet der Fotografie

Niépce, Joseph Nicéphore (1765–1833): Erfinder der Heliographie, die weltweit erste fotografische Technik

Nipkow, Paul (1860–1940): Entwickler der Nipkow-Scheibe

Oppenheimer, Robert J. (1904–1967): Entwickler der Atombombe

Pascal, Blaise (1623–1662): Erfinder der Pascaline-Maschine, eine Rechenmaschine

Pasteur, Louis (1822–1895): Mikrobiologe; beugte Infektionskrankheiten durch Impfungen vor; Entdecker der Keime und Mikroben; Namensgeber des Begriffs »pasteurisieren«

Paul, Robert (1869–1943): Entwickler des Kamerawagens Dolly

Pheidippides (um 490 v. Chr.): griechischer Bote, der von Marathon nach Athen ca. 40km lief, um den Sieg über die Perser zu übermitteln; der heutige Marathonlauf ist danach benannt.

Pilâtre de Rozier, Jean-François (1757–1785): unternahm 1783 die erste bemannte Luftfahrt mit einem Heißluftballo.

Ptolemäus (100 n. Chr. – 180 n. Chr.): Astronom und Mathematiker, er glaubte, dass sich Planeten, Sonne und Mond auf kleinen Kreisbahnen bewegen, deren Mittelpunkte aber auf viel größeren Bahnen um die Erde kreisen.

Reynaud, Émile (1844–1918): verbesserte das Zeotrop; Erfinder des Téatre Optique – das erste Kino mit bewegten Zeichnungen; Erfinder des Praxinoskops

Rolls, Charles S. (1877–1910): Gründer des Automobil-Unternehmens Rolls-Royce

Röntgen, Wilhelm Conrad (1845–1923): Entdecker und Namensgeber der Röntgenstrahlen

Royce, Henry (1863–1933): Gründer des Automobil-Unternehmens Rolls-Royce

Schickard, Wilhelm (1592–1635): Erfinder der Rechenuhr

Semmelweis, Ignaz Philipp (1818–1865): führte Hygienevorschriften ein.

Shockley, William B. (1910–1989): Erfinder des Transistors

Sikorsky, Igor (1889–1972): Erfinder der viermotorigen Flugzeuge

Simpson, Sir James Young (1811–1870): führte im Jahr 1847 Chloroform zu Narkosezwecken ein; Selbsttest des Narkosemittels mit Dr. Duncan und Dr. Keith

Sinclair, Sir Clive (1940–heute): Entwickler des Elektroautos; Entwickler des Heimcomputers ZX Spectrum

Skladanowsky, Emil (1866–1945): Entwickler des Bioscops; 1895 Vorführung eines Films

Skladanowsky, Max (1863–1939): Entwickler des Bioscops; 1895 Vorführung eines Films

Stanley, Freelan und Francis (Daten unbekannt): Erfinder des Stanley Steamers, mit dem sie 1906 195,64 km/h fuhren – der Geschwindigkeitsrekord.

Stephenson, George (1781–1848): Hauptbegründer des Eisenbahnwesens; Entwickler der Lokomotive »Locomotion«

Stephenson, Robert (1803–1859): Sohn von George Stephenson, half seinem Vater bei seiner Arbeit.

Swan, Joseph (1828–1914): Erfinder der Glühbirne

Talbot, William Henry Fox (1800–1877): Entwickler des Negativ-Positiv-Verfahrens im Gebiet der Fotografie

Thomson, Joseph John (1856–1940): Entdecker des Elektrons

Thomson, Robert (1822–1873): erfand den aufblasbaren Reifen.

Trevithick, Richard (1771–1833): Entwickler der ersten Dampflokomotiven; Erfinder des Dampfwagens

Turing, Alan (1912–1954): Vorreiter der Computertheorie; Kryptoanalytiker; Entwickler der Colossus

Van Musschenbroek, Pieter (1692–1761): Erfinder des Vorläufers des Kondensators – der »Leidener Flasche«

Volta, Alessandro (1745–1827): Erfinder der Batterie; Namensgeber einer elektrischen Einheit – Volt

von Guericke, Otto (1602–1686): beschrieb als Erster den Stromgenerator.

von Kleist, Ewald Georg (1700–1748): Erfinder des Vorläufers des Kondensators – der »Leidener Flasche«

Von Malmesbury, Mönch Eilmer (lebte im 11. Jahrhundert): unternahm ca. im Jahr 1010 einen Flugversuch.

von Milet, Thales (624 v. Chr.–547 v. Chr.): Begründer des Satz des Thales

von Samos, Aristarchos (10 v. Chr.–230 v. Chr.): Geheimnisse des Universums

Watson, James (1928–heute): Entdecker der Molekularstruktur der DNA

Watson, Thomas (1854–1934): war an der Erfindung des Telefons beteiligt.

Watson, Thomas (1914–1993): Chef von IBM (1952 - 1971); dachte, die Welt käme mit fünf Computern aus.

Watt, James (1736–1819): verbesserte die unbewegliche Dampfmaschine.

Wedgwood, Thomas (1771–1805): Forscher im Gebiet der Fotografie

Whittle, Sir Frank (1907–1996): Erfinder des Düsentriebwerks

Wilkins, Maurice (1916–2004): Entdecker der Molekularstruktur der DNA; Forscher im Bereich der Röntgenstrahlung

Wilmut, Sir Ian (1944–heute): geistiger »Vater« des Klonschafs Dolly

Wood, Nicholas (1795–1865): Dampflokomotiven-Ingenieur

Wright, Orville (1871–1948): Pionier der Luftfahrt; erster Flug in einem Flugzeug; Entwickler des Motorflugzeugs

Wright, Wilbur (1867–1912): Pionier der Luftfahrt; Entwickler des Motorflugzeugs

Zworykin, Vladimir (1888–1982): Entwickler des modernen elektronischen Fernsehens

Philip Ardagh

Philip Ardaghs völlig nutzloses Buch der haarsträubendsten Fehler der Weltgeschichte

Wer weiß schon, warum der Papst in Spanien mit einer Kartoffel verwechselt wurde, wieso ein englischer Fußballer das Notizbuch des Schiedsrichters aufaß oder weshalb man sich auf keinen Fall seinen Namen in den Nacken tätowieren lassen sollte. Die schrägsten Pannen, Irrtümer und Schnitzer gesammelt vom genialen Philip Ardagh sind nicht nur zum Schlapplachen; damit kann man auch den pingeligsten Lehrer beeindrucken.

Arena

224 Seiten • Gebunden
ISBN 978-3-401-06627-1
www.arena-verlag.de

Glenn Murphy

Warum ist Schnodder grün?
und andere extrem wichtige Fragen
aus Forschung und Technik

Wer sich nicht zu fragen traut, bekommt auch keine Antwort! Aber häufig gibt es auf eine Frage mehrere Antworten und aus der Antwort ergibt sich die nächste Frage. Dieses Prinzip hat Glenn Murphy vom Science Museum in London aufgegriffen und beantwortet spannende und verblüffende Fragen aus dem Alltag, aber auch über das Weltall, den Planeten Erde, die Tierwelt, den menschlichen Körper und Technologien der Zukunft.

256 Seiten • Klappenbroschur
ISBN 978-3-401-06557-1
www.arena-verlag.de

Roland Knauer / Kerstin Viering

Das weiß doch der Geier
Unglaubliche Geschichten aus der Natur

Singende Sanddünen, Rad schlagende Spinnen und Affen in der Sauna? Das klingt verrückt, doch es gibt sie wirklich!

Auf den Spuren der spannendsten Naturphänomene deckt das Autorenteam Knauer & Viering so manche abenteuerliche Geschichte auf. Raffinierte Überlebenstricks, geschicktes Jagdverhalten und spektakuläre Balzrituale bringen uns zum Staunen. Einfach genial - unser Planet Erde!

187 Seiten • Klappenbroschur
ISBN 978-3-401-06378-2
www.arena-verlag.de

Glenn Murphy

Das Panik-Buch
Warum wir im Dunkeln Angst haben und Spinnen gruselig sind

Wir leben in einer Welt voller Killerbakterien und fiesen Getiers, das uns ins Jenseits befördern will. Ständig müssen wir damit rechnen, von Blitzen oder Meteoriten erschlagen zu werden. Kurzum: das „Böse" lauert immer und überall. Oder doch nicht?

Glenn Murphy zieht auf humorvolle Art irrwitzigen Angstmythen den Giftzahn und vermittelt seinen Lesern Wissen, das der Angst den Schrecken nimmt.

296 Seiten • Klappenbroschur
ISBN 978-3-401-06730-8
www.arena-verlag.de

Nicole Ostrowsky

Notizen eines Genies
In 365 verblüffenden Experimenten durch die Naturwissenschaften

Ein Genie zu werden ist nicht schwer ...
Zumindest nicht mit diesem Buch: Für jeden Tag des Jahres bietet es Experimente und Denkanstöße quer durch die Naturwissenschaften und verlockt Nachwuchsforscher zum Ausprobieren und Fragenstellen. Durch den Raum für eigene Notizen wird es zum persönlichen Begleiter für neugierige Wissenschaftler von morgen.

392 Seiten • Klappenbroschur
ISBN 978-3-401-06652-3
www.arena-verlag.de

Glenn Murphy

Das Ur-Ur-Urschleim-Buch
Warum Ur-Ur-Opa ein Nager war und die Dinos nicht mehr wiederkommen

Sind Menschen Tiere, Affen oder einfach nur Leute? Wenn alle Säugetiere Milch geben können, geben Kängurus dann Milchshakes? War mein Ur-Urgroßvater ein Wurm? Oder eher eine Spitzmaus?

Glenn Murphy ist Darwin auf den Fersen und ergründet das Mysterium des Lebens: Auf unübertroffen witzig-charmante Art gibt er Einblicke in die Wissenschaftsgeschichte der Biologie und zeigt, wie sich das Leben auf der Erde entwickelte.

208 Seiten • Klappenbroschur
ISBN 978-3-401-06780-3
www.arena-verlag.de